BASICS

ENTWURFSELEMENT PFLANZE

\\ REGINE ELLEN WÖHRLE \\ HANS-JÖRG WÖHRLE

BASICS

ENTWURFSELEMENT PFLANZE

BIRKHÄUSER
BASEL · BOSTON · BERLIN

INHALTSVERZEICHNIS

VORWORT

Die Pflanze als Gestaltelement stellt die Basis der Landschaftsarchitektur dar. Bäume, Sträucher, Stauden und Blumen setzen uns immer wieder in Erstaunen, wenn sie als fantasiereiche Kompositionen in Gärten und Parks inszeniert werden oder raumgreifende Strukturen bilden und ein Gesamtbild entstehen lassen. Wird die Pflanze über das Jahr betrachtet, erscheint sie als Wandlungskünstler, der je nach Wachstum und Entwicklungsstadium immer wieder neue Raumstrukturen schafft.

Gestalten mit Pflanze heißt nicht nur, Pflanzen zu einem farbenfrohen Ensemble zusammenzusetzen. Vielmehr bedarf es guter Kenntnisse der spezifischen Boden- und Standortbedingungen, der verschiedenen Arten und Sorten der Pflanzen und nicht zuletzt der Blütezeit und Blütenfarbe.

Mit Hilfe der Pflanze wollen wir Atmosphäre schaffen, Räume formen, Landschaften gestalten, Nutzgärten anlegen, Blütenbilder entwickeln und sie als wesentlichen „Baustein" in der „Gartenkunst" begreifen.

Als Planer haben wir dabei vielschichtige Aufgaben und Aspekte zu bewältigen und für unterschiedliche Nutzergruppen zu planen: Wir entwerfen den Hausgarten für einen privaten Bauherrn, begrünen ein Wohngebiet oder eine Straßenbahntrasse, bepflanzen Spielplätze, gestalten urbane Räume und kreieren repräsentative Anlagen wie Schlossparks oder Klostergärten. Dabei gilt es immer, bestimmte Prinzipien in der Planung und in der Herangehensweise zu beachten.

In der Buchreihe *Basics* werden im Themenbereich Landschaftsarchitektur Grundlagen vermittelt, die Ihnen als Studierende auch mit wenig planerischen Vorkenntnissen Handlungsmöglichkeiten im Gestaltungsansatz aufzeigen, um Gespür für den zu gestaltenden Raum sowie Lösungsansätze zu entwickeln.

Die Kapitel dieses Bandes führen Schritt für Schritt in die Thematik Pflanzen ein; wesentliche Aspekte werden erläutert – von den Standortbedingungen über die Nutzungsanforderungen bis hin zu Proportion und Raumbildung, Texturen und Farbkompositionen. In Form von systematischen Abbildungen und Bildbeispielen wird das Dargestellte veranschaulicht. Patentrezepte sind dabei nicht zu erwarten, jedoch wird das Verständnis für den spezifischen Ort, dessen Nutzung und vor allem die zu gestaltende Atmosphäre vermittelt. Die Entscheidung, eine strenge architektonische Formensprache zu wählen, einen minimalistischen Ansatz mit wenig differenzierten Pflanzenarten zu verfolgen, eine Raumhierarchie zu schaffen oder die Üppigkeit der verschiedenen Pflanzenarten mit ihren Farben und Düften auszuloten, wird jedoch stets im Zusammenspiel Ihrer Raumdiagnose und Intuition getroffen werden.

Cornelia Bott, Herausgeberin

EINLEITUNG

Raum und Pflanze – das heißt die räumliche Vorstellung bei der Verwendung von Pflanzen in der Garten- und Landschaftsarchitektur – waren in der Geschichte der Gartenkunst schon immer von herausragender Bedeutung. Doch gute Gestaltung ist nicht ausschließlich eine Frage ästhetischen Empfindens, sondern hängt vielfach von der Erfüllung objektiver Rahmenbedingungen ab. Gestalten mit Pflanzen erfordert nicht nur Können, sondern insbesondere auch Wissen. Dieses besteht darin, die Pflanzen so zu verwenden, dass die Gesetze der sinnlichen Wahrnehmung die Gestaltungsziele wirksam unterstützen und erkennbar machen (griech. „aisthesis" bedeutet die Lehre vom sinnlich Wahrnehmbaren). Dieses Wissen erscheint umso wichtiger, als keine Freiraumsituation einer anderen so sehr gleicht, dass Planrezepte und Abbildungen beispielhafter Pflanzenarrangements einfach kopiert werden könnten. Dagegen können die allgemeingültigen Gestaltungsgrundsätze von Raumbildung, Ordnung, Kontrast, Ausgleich und Wiederholung an jedem Ort angewendet werden und zu guten Ergebnissen bei der Gestaltung mit der Pflanze führen.

Der lebende Werkstoff Pflanze ist das Mittel, um Freiräume als wichtigen Gegenpol und Kontrast zu den zunehmend technisierten Lebensbedingungen unserer urbanen Zivilisation zu gestalten. Dank ihrer atmosphärischen Qualitäten bieten Bäume, Sträucher und Stauden der Freiraumplanung vielfältige Gestaltungsmöglichkeiten in dem Spannungsbogen zwischen Kultur und Natur. Die Gestaltung mit der Pflanze umfasst ganz unterschiedliche Situationen, vom privaten Hausgarten über repräsentative Außenanlagen von größeren Gebäuden bis zu den komplexen Strukturen des Stadtgrüns mit öffentlichen Plätzen, Fußgängerzonen, Parks, begrünten Stadteinfahrten, Naherholungsgebieten, Friedhöfen und Kleingartenkolonien.

Das vorliegende Buch *Basics Entwurfselement Pflanze* schult den Blick für die gestalterischen Möglichkeiten in der Freiraumplanung mit der Pflanze. Dabei wird deutlich, dass Entwürfe von Architektur und Städtebau erst durch das Einbeziehen der Pflanze in die Planung zu einem ganzheitlichen, qualitätsvollen Konzept erweitert werden können.

Abb.1:
Das Klima bestimmt die Lebensraumverbreitung der Pflanzen.

ENTWURFSGRUNDLAGEN

Im Folgenden werden Faktoren von grundsätzlicher Bedeutung beschrieben, die vor jeder Planung und Realisierung eines Objektes, gleich welcher Größe, erkannt und berücksichtigt werden müssen. Sie machen grundsätzliche Überlegungen und Entscheidungen erforderlich.

ÖKOLOGISCHE STANDORTEINFLÜSSE

Bei einer Fahrt über Land stellen wir fest, dass sich die Landschaftsbilder verändern; milde Obst- und Weinbaugebiete mit fruchtbaren Böden wechseln in höheren und kühleren Lagen zu Laub- und Nadelwäldern mit kargem Untergrund. Pflanzen, die ursprünglich aus Gebieten mit milden klimatischen Bedingungen stammen, können frostempfindlich sein und im Winter ohne entsprechende Schutzmaßnahmen leicht erfrieren. Pflanzen, die an ihrem natürlichen Standort auf fruchtbarem Boden wachsen, würden auf einem kargen Boden verkümmern. Für die Gestaltung von Pflanzungen ist es eine unentbehrliche Hilfe, sowohl den natürlichen Standort der Pflanzen als auch ihre visuellen Wirkungen zu kennen. › Kap. Material Pflanze, Erscheinungsbild Pflanze Es gibt verschiedene Faktoren, die das Wachstum von Pflanzen beeinflussen: › Abb. 1 und 2

_ Klima
_ Boden
_ pH-Wert
_ Geländebeschaffenheit

Abb. 2:
Das Licht als Umweltfaktor und die Bodenqualität als Standortfaktor

_ Licht
_ Wasser
_ Nährstoffe
_ Konkurrenz

Klima

Jeder Standort wird durch das Großklima und seine geografische Höhenlage über Normalnull (ü. NN) geprägt. Diese natürlichen Voraussetzungen können nicht verändert oder umgangen werden und bestimmen die Verbreitung der einzelnen Pflanzenarten. Das Kleinklima eines Standortes kann jedoch beeinflusst werden. Gebäude- und Mauerecken (z. B. in einem Innenhof) bilden windgeschützte Lagen und strahlen Wärme ab. Wenn weitere Standortvorteile (Boden, Niederschlag usw.) hinzukommen, kann das sich das Spektrum möglicher Anpflanzungen vergrößern. Folgende Klima-Parameter sind für das Pflanzenwachstum von Bedeutung:

\\ Hinweis:
Ökologie ist die Wissenschaft von den Wechselbeziehungen und Wechselwirkungen zwischen Lebewesen und ihrer Anpassung an die Lebensbedingungen. Das Verhalten einzelner Pflanzenarten in Abhängigkeit von den Umwelteinflüssen sowie die Wirkung von Umweltfaktoren auf die Zusammensetzung der Pflanzendecke wird als Ökologie der Pflanzen bezeichnet.

11

_ Temperatur: Winterkälte, Sommerwärme
_ Feuchtigkeit: Sommerniederschlag, Winterniederschlag

Der bedeutsamste Faktor ist die Winterkälte, denn von den im Winter erreichten Tiefsttemperaturen hängt es ab, ob eine Pflanzenart überleben kann oder nicht. Frosthärte ist die Frosttemperatur, die eine Pflanze gerade noch ohne Schädigung überstehen kann. Bei dem Faktor Sommerwärme sind nicht die Extremtemperaturen entscheidend. Vielmehr ist die Wärmesumme maßgeblich, also die Durchschnittstemperaturen, die der Sommer zur Verfügung stellt. Pflanzen benötigen eine bestimmte Wärmesumme, um Blätter, Blüten und Früchte anzusetzen und auszubilden. Je milder das Klima ist, desto größer wird das Pflanzenspektrum, mit dem gearbeitet werden kann.

Boden, Geländebeschaffenheit, pH-Wert

Der Boden ist die Basis der Pflanze, aus ihm bezieht sie Wasser und Nährstoffe, dort ist sie verankert. Bodenstruktur, Wasser- und Nährstoffgehalt sind von großer Bedeutung für das Wachstum. Bei der Artenauswahl für den zu gestaltenden Standort müssen sowohl die vorkommenden Bodenarten (Ton, Lehm, Sand, Schluff) als auch der pH-Wert des Bodens, d. h. sein Säure- oder Basengrad, berücksichtigt werden. Pflanzen haben unterschiedliche Ansprüche an den pH-Wert. Die Nährstoffverfügbarkeit verändert sich in Abhängigkeit vom pH-Wert, saure Böden sind nährstoffarm, alkalische Böden nährstoffreich.

Je nach Neigung und Exposition des Geländes verändert sich das Kleinklima. Südhänge sind wärmer und trockener, Nordhänge kühler und feuchter. Bei einer Bergwanderung kann beobachtet werden, dass die Blumenwiesen der Nord- und Südhänge über viele unterschiedliche Arten verfügen und die Zusammensetzung der Blütenfarben sich somit verändert.

Licht

Auch die Lichtverhältnisse eines Standortes bestimmen darüber, ob eine Pflanze wachsen und gedeihen kann. Die Standorte können in „vollsonnig", „sonnig", „absonnig", „halbschattig" und „schattig" eingeteilt werden. Es gibt Pflanzen, die nur Sonne oder nur Schatten vertragen, aber auch solche, die beides tolerieren, wie etwa die Schneebeere. Durch das Wachstum

\\Hinweis:
Die Zusammensetzung des Bodens kann zwar verändert werden. Dies erfordert jedoch langfristige Pflegemaßnahmen, da sich andernfalls die gegebenen natürlichen Bedingungen über kurz oder lang wieder einstellen.

\\Hinweis:
Spontanvegetation und Wildflora zeigen die ökologischen Verhältnisse eines Standortes auf. In der DIN 18915 werden Zeigerpflanzen aufgelistet, welche die Wasserdurchlässigkeit, Bodenreaktion und den Nährstoffvorrat verschiedener Böden anzeigen.

verändern sich Größen und Abstände der Pflanzen zueinander, sodass die Lichtverhältnisse im Laufe der Zeit wechseln, insbesondere unter Bäumen tritt Verschattung ein. › Kap. **Material Pflanze, Zeitliche Dynamik** Die Belichtung ist nicht nur für die Auswahl einzelner Pflanzen mitverantwortlich, sondern kann darüber hinaus den Charakter einer Pflanzung oder eines Gartenteils insgesamt beeinflussen. Dies zeigt sich an ausgeprägt schattigen oder sonnigen Standorten am deutlichsten: Schattenpflanzungen sind stark geprägt von Blattformen, -farben und -texturen der Gehölze und Stauden, da die Blühtätigkeit im Schatten stark reduziert ist.

Wasser

Wasser ist der wichtigste „Bau- und Betriebsstoff" der Pflanze. Die Niederschlagsmenge ist daher unter natürlichen Bedingungen von großer Bedeutung. Vor allem die Sommerniederschläge schützen in der Vegetationsperiode die Pflanzen vor Austrocknung durch hohe Temperaturen und starke Sonneneinstrahlung. Im Winter befinden sich die meisten Pflanzen durch ihren Laubabfall im Ruhestadium und haben nur wenig Wasserumsatz. Winterniederschläge (Schnee) sind für frostempfindliche Arten wichtig, da die Schneedecke ihre bodennahen und unterirdischen Teile vor starkem Frost schützt. Frost ohne Schneedecke kann für immergrüne Pflanzen schädlich sein, da deren Blätter Wasser verdunsten, sie jedoch dem tief gefrorenen Boden kein Wasser entnehmen können und deshalb vertrocknen (Frosttrockenheit).

Der natürliche Wassergehalt im Boden wird durch Niederschläge, den vorhandenen Grundwasserspiegel, die Struktur und Durchlässigkeit des Bodens sowie die Neigung des Geländes bestimmt. Die Menge des für eine Pflanze verfügbaren Wassers bestimmt die Artenzusammensetzung und Struktur des Vegetationsbildes. Die Feuchtigkeitsansprüche von Pflanzen sind jedoch sehr verschieden. Manche lieben die Trockenheit, auf der anderen Seite gibt es Arten, die im Wasser gedeihen. Beispielsweise wachsen Kiefern und Ginster in der natürlichen Landschaft vereinzelt mit Trockengräsern auf durchlässigem Sandboden in greller Sonne. Sie sind trockenheitsliebend, ihre Blätter sind an die kargen Lebensraumbedingungen angepasst und daher hart und nadelartig, klein und linear.

\\Hinweis:
Genau abgestimmte Beregnungsanlagen können die Standortbedingungen für Pflanzen verbessern, erhöhen jedoch die Kosten für die Pflege. Wasserüberschuss, z. B. auf Bodenverdichtungen, kann durch Drainagemaßnahmen reduziert werden.

In der freien Natur haben viele Pflanzen ähnliche ökologische Ansprüche. In dieser Konkurrenzsituation werden schwächere Arten häufig an Standorte verdrängt, an denen die Konkurrenten selbst nicht mehr gut gedeihen können. Konkurrenz entsteht etwa durch die Verschattung von hoch- und dichtwüchsigen Arten, die für niedrige Arten nicht mehr genug Licht durchlassen. In der Pflanzengestaltung sollte daher der Zeitfaktor berücksichtigt werden. Ein Garten sieht bei der Anpflanzung kahl aus, doch im Laufe der Zeit wachsen die Pflanzen immer stärker heran. Gerade die Baumkronen werfen immer mehr Schatten auf die Pflanzen unter ihnen, sodass der Konkurrenzkampf um Licht, Feuchtigkeit und Nährstoffe beginnt. Es ist daher wichtig, das Wuchsverhalten der Pflanzen einschließlich ihres Wurzelwerks, ihrer Wuchsform und -größe zu kennen.

Planungshilfe für die standortgerechte Verwendung und somit für eine harmonische und weniger arbeitsaufwendige Pflanzung von Gehölzen und Stauden bieten sogenannte Kennziffernsysteme. Nach Kiermeier › **Anhang, Literatur** werden die Gehölze nach einem vierteiligen Zahlenschlüssel sortiert. Die 1. Ziffer umfasst die Lebensbereiche:

_ Moor und Sumpf
_ Auen- und Ufergehölze
_ Artenreiche Wälder und Gehölzgruppen
_ Artenarme Wälder und Gehölzgruppen
_ Heiden und Dünen
_ Steppengehölze und Trockenwälder
_ Gehölze kühl-feuchter Wälder
_ Bergwälder und Sträucher alpiner Bereiche
_ Landschaftshecken und Schmuckpflanzen

Es folgen 2. die wichtigsten Standortfaktoren des Bodens, 3. die oberirdischen Faktoren wie Licht und Temperatur sowie 4. die Wuchsgrößen. Die Kennziffern geben Hinweise für eine standortgerechte Verwendung, sind jedoch keine pflanzensoziologischen Klassifizierungen. Viele Gehölze können sich an mehrere Lebensbereiche anpassen, sodass es auch zahlreiche Verknüpfungen und Übergänge gibt. Stauden werden nach Hansen und Müssel › **Anhang, Literatur** ebenfalls nach einem vierteiligen Zahlenschlüssel in Lebensbereiche unterteilt, die jedoch nicht nur den ökologischen Standort, sondern auch den Verwendungszweck beschreiben. In der 1. Kennziffer wird der Lebensbereich formuliert:

_ Gehölz
_ Gehölzrand
_ Freifläche
_ Beet

_ Steinanlagen

_ Wasserrand

Mit der 2. Kennziffer werden die Auswahlgruppen (Verwendungszweck) beschrieben, 3. die Standortansprüche und 4. Besondere Verwendungshinweise.

NUTZER- UND NUTZUNGSANFORDERUNGEN

Die Standortansprüche der Pflanzen entscheiden über die Verwendungsmöglichkeit an dem vorgesehenen Ort. Die Auswahl der Pflanzen richtet sich nach den praktischen Funktionen, die sie erfüllen sollen, und den ästhetischen, gestalterischen Qualitäten. Die Anforderungen an Pflanzen im Zusammenhang mit den Nutzungsbedürfnissen sind in der Anfangsphase der Planung in Erfahrung zu bringen und, auch in Bezug auf die notwendige Unterhaltspflege, mit dem Bauherrn abzustimmen. Auf individuelle Wünsche und räumliche Vorstellungen eines Bauherrn sollte der Planer etwa bei der Gestaltung eines Privatgartens eingehen, wie überhaupt die Nutzungsanforderungen für das Grundstück bei der Planung eine große Rolle spielen. Ist die Entwurfsaufgabe auf eine bestimmte Nutzergruppe ausgerichtet, z.B. bei der Freiraumgestaltung für ein Krankenhaus, der Gestaltung des Gartens für eine Seniorenwohnanlage, bei der Park-, Spielplatz oder Friedhofsgestaltung, sind die Bedürfnisse und Anforderungen der jeweiligen Zielgruppe entsprechend vorab zu definieren und mit dem Auftraggeber gemeinsam festzulegen.

Bei der Planung eines Spielplatzes ist zu berücksichtigen, dass Baum- und Strauchpflanzungen strapazierfähig sein müssen; Kinder laufen gerne in den Strauchpflanzungen hin und her, pflücken Blätter, Zweige, Blüten

\\Beispiel:
Ein Gartenbereich mit Solitärgehölzen soll
mit großzügigen Staudenbeetflächen bepflanzt
werden. Passend wäre Kennziffer 4.3.3.:
4 = Beetstauden, 3 = Stauden aus Bergwäldern und
freien Hochlagen, die dem Lebensbereich Gehölz
und Gehölzrand nahestehen, 3 = Stauden, die
kühle Standorte lieben und zeitweilig Schatten
vertragen. Die vierte Ziffer beschreibt u.a.
die Geselligkeit; 4.3.3.7 wird einzeln oder
in kleinen Gruppen verteilt gepflanzt (Anemone japonica), 4.3.3.4 sind nicht- oder nur
schwachwuchernde Arten, die gesellig gepflanzt
werden können (Astilbe x arendsii).

Abb.3:
Biegsame Weidengehölze bieten Spiel-
räume.

Abb.4:
Bei der Bepflanzung von Spiel-
räumen können Landschaften für Kinder
entstehen.

und Früchte ab. › Abb. 3 Giftige Pflanzen dürfen daher nicht auf Spielplätzen verwendet werden. › Tab. 1 Bäume dagegen sollten eingeplant werden, da diese im Sommer den notwendigen Schatten geben. › Abb. 4 Die herunterfallenden Äste und Zweige von Bäumen und Sträuchern werden von Kindern als „Werkzeuge" verwendet. Größere Kinder klettern auf kleinen und großen Bäumen herum. Jugendliche benötigen einerseits Rückzugsräume, andererseits Bereiche, wo sie sich sportlich betätigen und zeigen können. Die Planung einer Seniorenwohnanlage stellt ganz andere Anforderungen, dort stehen die Erlebbarkeit der Pflanzung und die Möglichkeit des Zusammentreffens der Bewohner im Mittelpunkt. Farben, Formen und Texturen sollten vielfältig und ansprechend gestaltet werden. Wege sollten zum Teil eine begleitende Schattenbepflanzung und Sitzbänke erhalten, damit die Pflanzen in Ruhe betrachtet werden können. Sitzplätze sollten einsehbar sein, jedoch durch Pergolen und Stauden sowie niedrige Heckenpflanzungen freundlich eingerahmt werden.

Grundsätzlich ist es wichtig, bei der Planung die räumliche Wirkung, großräumliche Zusammenhänge (Blickbezüge), die vorhandene und geplante Erschließung durch das Straßen- und Wegenetz sowie die Bodenmodellierung des Geländes zu einem frühen Zeitpunkt zu berücksichtigen und in Abstimmung mit allen Planungsbeteiligten festzulegen. Eine Realisierung in mehreren Zeitabschnitten ist in größeren Anlagen möglich. Die intensive Ausgestaltung durch Pflanzungen und weitere gestaltprägende Elemente wie Pergolen, Wasserspiele, Sitzbänke und Ausleuchtung kann zu einem späteren Bauabschnitt erfolgen.

Beispielsweise die Anlage eines Friedhofes erfolgt in Abschnitten. In der Regel handelt es sich um große Flächen, die je nach Belegungsdichte

Grad der Giftigkeit	botanischer Pflanzenname	deutscher Pflanzenname	giftige Pflanzenteile*
sehr giftig	Aconitum in Arten u. Sorten	Eisenhut	alle
	Daphne in Arten u. Sorten	Seidelbast	alle
	Taxus in Arten u. Sorten	Eibe	alle, außer Scheinfruchtfleisch (Samenmantel)
giftig	Buxus sempervirens in Sorten	Buchsbaum	alle
	Convallaria majalis	Maiglöckchen	alle
	Crocus in Arten u. Sorten	Krokus	Zwiebel
	Cytisus in Arten u. Sorten	Besenginster	Schoten
	Digitalis in Arten u. Sorten	Fingerhut	alle
	Euphorbia in Arten u. Sorten	Wolfsmilch	alle, besonders der Milchsaft
	Euonymus in Arten u. Sorten	Pfaffenhütchen	Samen, Blätter, Rinde
	Hedera helix	Efeu	alle
	Juniperus in Arten u. Sorten	Wacholder	alle, besonders die Zweigspitzen
	Laburnum in Arten u. Sorten	Goldregen	alle, besonders Blüten, Samen, Wurzeln
	Lupinus in Arten u. Sorten	Lupine	Samen
	Lycium halimifolium	Bocksdorn	alle
	Rhododendron in Arten u. Sorten	Rhododendron	alle
	Robinia pseudoacacia	Robinie	Rinde
	Solanum dulcamara	Bittersüßer Nachtschatten	insbesondere die Beeren
schwach giftig	Aesculus in Arten u. Sorten	Rosskastanie	unreife Früchte u. Fruchtschalen
	Fagus sylvatica	Rotbuche	Bucheckern
	Ilex in Arten u. Sorten	Stechpalme	Beeren
	Ligustrum in Arten u. Sorten	Liguster	Früchte
	Lonicera in Arten u. Sorten	Heckenkirsche	Früchte
	Sambucus in Arten u. Sorten	Holunder	alle, außer reife Früchte
	Sorbus aucuparia	Vogelbeere	Früchte
	Symphoricarpos in Arten u. Sorten	Schneebeere	Früchte
	Viburnum in Arten u. Sorten	Schneeball	Früchte

* schwach giftige Pflanzenteile verursachen in größerer Menge Beschwerden

nicht vollständig benötigt werden. Aufwendige Erschließungen durch Wege- und Wassernetz werden zunächst nur in einem ersten Bauabschnitt erforderlich. Zu diesem Zeitpunkt sollte jedoch der räumliche Rahmen für das gesamte Gelände (Baumgruppen und Grenzpflanzungen) hergestellt werden, damit nach der Fertigstellung aller Flächen die Baumaßnahmen einzelner Abschnitte kaum noch zu erkennen sind. Alle raumbildenden Pflanzungen zeigen dann den gleichen Entwicklungsstand und die gleiche Wuchsgröße. Damit entsteht das Bild einer einheitlichen Gesamtanlage. Dieses Vorgehen lässt sich ebenso auf andere Anlagen (Wohngebiete, Freizeitparks, Sportanlagen) übertragen und sollte zugunsten einer übereinstimmenden Gesamtwirkung immer zum Einsatz kommen. › **Kap. Material Pflanze, Zeitliche Dynamik**

ORTSBEZUG

Jede Gestaltung einer Fläche entsteht in ihrem eigenen, spezifischen Kontext. Dazu gehören der Ort und dessen Umgebung, aber auch gesellschaftliche und soziokulturelle Gegebenheiten spielen eine wichtige Rolle. Eine intensive Auseinandersetzung mit dem Ort, seinem Umfeld, seiner Geschichte und seiner Nutzer ist eine große Hilfe bei der Bearbeitung einer Entwurfslösung. In der Analyse werden im Vorfeld unter anderem Systematiken, Abhängigkeiten und Beziehungen der Ortselemente untereinander herausgearbeitet. Sie bilden die Grundstruktur als Entwurfsgrundlage. In diese Struktur kann sich der Entwurf harmonisch einfügen, oder er interpretiert sie mit alternativen Ansätzen. Ebenso kann eine bewusste Gegenposition gesucht oder ein von den Strukturen unabhängiger Entwurfsansatz herausgearbeitet werden.

› 🔲

Die Beschäftigung mit dem Ort trägt dazu bei, ein Verständnis für die besonderen Gegebenheiten zu erlangen, welche die Situation am Ort prägen, und sie bewusst in den Entwurfsprozess einzubeziehen.

Landwirt-
schaftliche und
städtebauliche
Bezüge

Die wesentliche Grundlage für die Gestaltung von Freiraum ist die Topografie des zu gestaltenden Grundstücks. Es kann völlig eben, geneigt, terrassiert, mit unterschiedlichen Staffelungen versehen oder wellig sein, immer hat die Topografie Auswirkungen auf die Raumbildung und die

---

🔲

\\ Hinweis:
Weitere Informationen zum Thema Entwerfen im Kontext sind in *Basics Entwurfsidee* von Bert Bielefeld und Sebastian El khouli zu finden, erschienen im Birkhäuser Verlag, Basel 2007.

🔲

\\ Hinweis:
Bei der Neuplanung von Architektur und Freiraum ist es wichtig, dass Architekten, Städteplaner und Landschaftsarchitekten in enger Zusammenarbeit in ineinandergreifendes Konzept entwickeln (siehe Abb. 6 und 7).

Abb.5:
Obstbaumwiesen prägen eine Landschaft.

Abb.6:
Städtebauliche Kontur bildet den Stadtraum.

Abb.7:
Architekturform und Gehölzform im
Zusammenspiel

Abb.8:
Neue Formensprache auf historischer
Grundlage

Beziehung zwischen außen und innen. Wenn das Grundstück weite Blickbezüge mit der umgebenden Landschaft eingeht, sollte in Erfahrung gebracht werden, welche Bezüge zur oder in die Landschaft interessant sein
könnten. › Abb. 5 In einem durch den Menschen geprägten Umfeld sind für
den Entwurf meist die zivilisationsbedingten Einflüsse ebenso bestim-
mend wie die natürlichen. Vielfach sind Gebäude, Straßen oder Bäume vor-
handen, die Bezugspunkte in der Freiraumplanung darstellen.

› ⏍

Historische
Bezüge

Die Beschäftigung mit dem Ort beschränkt sich nicht auf die direkte
räumliche Auseinandersetzung. Jede Veränderung ist immer auch eine Re-
aktion auf die Geschichte des Ortes und gestaltet zugleich dessen Zukunft
mit. Die Gestaltung und Veränderung einer bestehenden Situation ist ein
Eingriff, der zwangsläufig von der Umwelt als Teil eines kontinuierlichen

Prozesses wahrgenommen wird. Dabei sollte jedoch bedacht werden, dass sich das Bezugssystem stets auf gleicher Ebene mit der Bedeutung der Bauaufgabe befindet. So kann es bei einer Bauaufgabe mit gesellschaftlicher Tragweite, beispielsweise einer Parkanlage oder einer Gedenkstätte, richtig und notwendig sein, den Bezug zu geschichtlichen Ereignissen zu thematisieren. › Abb. 8

FUNKTION

Pflanzen haben vielfältige Eigenschaften und daher für den Naturhaushalt und den Menschen verschiedene Funktionen und Wirkungen. › Abb. 9 Für den Menschen steht meistens die Frage im Vordergrund, ob und wie die Pflanzen wirtschaftliche und technische Funktionen zu erfüllen

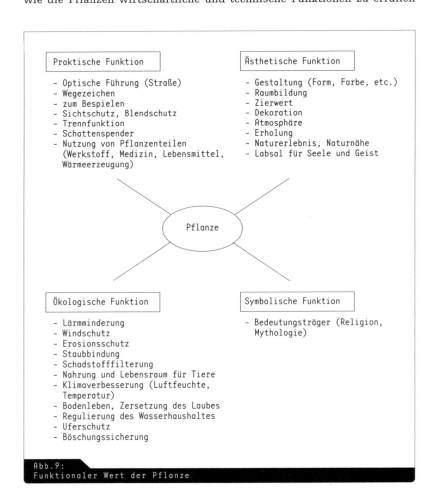

Abb. 9:
Funktionaler Wert der Pflanze

20

Abb.10:
Eine Baumgruppe mit Wegekreuz als prägnantes Merkzeichen übernimmt eine Leitfunktion.

haben und wie ihr Erscheinungsbild (Form, Farbe usw.) zur Wirkung kommt. Das Erscheinungsbild der Pflanze (Habitus, Belaubung, Blüten, Früchte) hat für den Menschen einen sehr hohen Erlebniswert und ist von nicht zu unterschätzender Bedeutung für Seele und Geist. Für Naturhaushalt und Klima haben die Pflanzen elementare Bedeutung. Ästhetische, ökologische und technische Funktionen sollten sich nicht gegenseitig ausschließen, sondern zusammenwirken.

Raumbildungsfunktion

Freiräume werden größtenteils durch Pflanzen gegliedert, und zwar zur Abstufung und Abgrenzung in verschiedenen Höhen (vom Baum bis zur Blumenzwiebel). Pflanzengruppen oder Solitärgehölze können auch Verbindungsglied zwischen verschiedenen Raumnutzungen sein. Größe und Form von Räumen lassen sich durch Pflanzengruppen und -reihungen gliedern. › Kap. Raumstrukturen

Leitfunktion

Pflanzen haben eine Leitfunktion als Wegezeichen, Merkzeichen und Nutzungsmarkierung (z.B. freiwachsende Hecken entlang von Flurstücksgrenzen). › Abb. 10 Bei Wegen und Straßen können Hecken, einzelne Gehölzgruppen oder größere Baumbestände die optische Führung sinnvoll unterstützen.

Schutzfunktion

Pflanzen können in unterschiedlicher Anwendung zum Schutz gegen klimatische oder umweltgefährdende Einflüsse (z.B. Lärm, Stürme) wirksam verwendet werden. Ausladende Baumkronen bieten dem Menschen im Sommer Sonnenschutz gegen grelles Licht und Wärme. Im Winter geben die kahlen Aststrukturen den Blick frei und lassen Sonnenstrahlen durch. Dichte Strauchhecken vermögen je nach Situation Wind, Lärm oder Staub zu vermindern oder ganz abzufangen. Bei geneigtem Gelände und auf Böschungen bilden niedrige, geschlossene Pflanzungen Schutz gegen Erosion.

Abb.11:
Baumgruppen bilden Rückzugsräume und schaffen Atmosphäre.

Abb.12:
Großzügige Wiesenflächen bieten Aufenthalt für Sport und Spiel.

Oft übernehmen Pflanzen verschiedene Funktionen gleichzeitig. Beispielsweise rahmen geschnittene Hecken oder frei wachsende Gehölze die Parktaschen eines Parkplatzes. Durch die Gliederung der Parkplatzreihen wirken sie raumbildend und abschirmend zugleich. Bäume überstellen mit ihrem ausladenden Dach einen Parkplatz und bieten im Sommer Schutz vor Sonneneinstrahlung.

Atmosphäre und Erholung

Die meisten Menschen entwickeln erst dann ein Interesse für Gartengestaltung, wenn sie vor der Planung ihres eigenen Gartens stehen. Ein Garten soll die ihm zugedachten Funktionen in formal ausgewogener Gestaltung erfüllen. Eine besondere Wirkung und Ausstrahlung gewinnt er, wenn bei dem Betrachter bestimmte Stimmungen geweckt werden. Dies kann die Empfindung von Ruhe sein, aber auch ein Gefühl der Muße, Gelassenheit, Sicherheit oder Geborgenheit. Die Menschen empfinden Freude beim Betrachten der Pflanzen, sie suchen das Wohlbefinden an Orten mit Ausgewogenheit und Überraschungen. Garten und Park sind in ihrer Form ein komprimiertes Wunschbild der Welt und wecken im Menschen eine suggestive Kraft, den Versuch nach der Annäherung an den ersten Garten, das Paradies. Gleichwohl sind Garten und Park immer auch ein Spiegel ihrer Zeit. Sichtbar werden sollen aktuelle soziale, gestalterische, ökonomische, ökologische und nutzungsorientierte Bedingungen. › Abb. 11 und 12 Aus ein und demselben formalen Entwurf können ganz unterschiedliche Gärten, Stadträume und Plätze entstehen – je nachdem, nach welchen Gesichtspunkten die Pflanzen zusammengestellt werden. Kennzeichen beispielsweise der Stadt ist ihre Heterogenität, ihre Gleichzeitigkeit. Die Landschaftsarchitektur der Stadt basiert auf dem Nährboden der Verschiedenheit und antwortet

auf die jeweilige Eigenheit und Poesie der Orte. › Abb. 13 Das Erscheinungsbild von Pflanzen spielt dabei eine große Rolle und kann einem Platz, einer
Garten- oder Parkanlage verschiedene Charakterzüge verleihen. › Tab. 2 Beispielsweise geben frei wachsende Gehölze einer Anlage einen natürlichen,
landschaftlichen Charakter, während in Form geschnittene Gehölze für ein
repräsentatives, formales Aussehen sorgen. Unterschiedliche Farbgebungen, Texturen und Strukturen schaffen unterschiedliche Bilder und Stimmungen. › Kap. Material Pflanze, Erscheinungsbild Pflanze Bei der Auswahl der geeig-
neten Pflanzen spielen die Lage des Terrains, die Bodenbeschaffenheit, die
klimatischen Verhältnisse, aber auch der voraussichtliche Pflegebedarf eine
entscheidende Rolle. Darüber hinaus gilt es zu beachten, dass jeder Garten,
gleich welcher Größe, ein gewisses Maß an Disziplin und Aufmerksamkeit
erfordert, damit die Konzeption auch nach Jahren noch erkennbar bleibt
und nicht von stark wachsenden, zu dicht oder wahllos gesetzten Pflanzen
buchstäblich überwuchert wird. Welche Stilrichtung dem Entwurf auch zu
Grunde liegen mag, die Atmosphäre im Garten wird auf gewisse Weise über
die Jahre hinweg immer die persönliche Handschrift des „Gärtners" tragen.
Und genau so sollte es sein, denn nur auf diese Weise entfaltet ein Garten
seine eigentümliche Atmosphäre und Geborgenheit.

Orientierung
und Lenkung

Die direkte Wegeführung zeichnet sich dadurch aus, dass das ange-
strebte Ziel sichtbar und unmittelbar erreichbar ist. Sie ist die selbstver-
ständlichste und der menschlichen Fortbewegung am nächsten liegende
Form der Lenkung. Eine Wegeführung erweist sich als umso interessanter,
je selbstverständlicher und raffinierter Zwischenräume eingebunden sind.
Die Nutzer werden in ihrem „instinktiven Drang", ein ausgewähltes Ziel zu

Abb.14:
Heckenbänder erzeugen Perspektive und Orientierung.

Abb.15:
Bäume als Wegezeichen werden durch die Topografie erhöht.

Tab.2:
Charaktere von Pflanzungen

hell	/	dunkel
repräsentativ	/	schlicht
ruhig	/	laut
üppig	/	kümmerlich
streng	/	locker
extensiv	/	intensiv
formal	/	landschaftlich
abwechslungsreich	/	monoton
naturnah	/	künstlich
großzügig	/	kleinteilig
robust	/	empfindlich
monumental	/	zierlich
wild	/	gezüchtet

erreichen, unterstützt. Doch die frühzeitige Sichtbarkeit des Zieles sollte vermieden werden, um dem Anreiz einer direkten Durchquerung entgegenzuwirken. Pflanzen, aber auch Sitzgelegenheiten und Aussichtspunkte können eine Leitfunktion als Wegezeichen, Merkzeichen oder Raummarkierung (z. B. einer Flurgrenze) übernehmen. Bei Wegen und Straßen können Hecken, einzelne Bäume und Gehölzgruppen oder größere Baumbestände die optische Führung unterstützen. › Abb. 14 Vor allem Baumreihen geben schon aus weiter Entfernung Richtungen vor. › Kap. Raumstrukturen, Gruppierung Bei der Ausgestaltung von geschwungenen Wegeführungen ist darauf zu achten, dass sie nicht zum Selbstzweck werden. Jede Wegeverschwenkung sollte sich aus den tatsächlich vorhandenen topografischen (Modellierung, Pflanzen) oder szenischen (Blickbeziehungen) Faktoren ergeben. › Abb. 15

RAUMSTRUKTUREN

In der Freiraumplanung steht, wie in der Architektur, die Bildung von Räumen im Vordergrund. Der Mensch braucht und sucht Räume, einen Ort, wo er Orientierung und in gewisser Weise Schutz findet. Zur Raumbildung gehören Abgrenzungen, für die es im Freiraum eine Vielzahl unterschiedlicher Realisierungsmöglichkeiten gibt: Erdmodellierungen, Pflanzen oder gebaute Elemente. Das Empfinden von Raum kann schon mit geringen Andeutungen geweckt werden, etwa durch eine Mulde oder ein Gebüsch, eine Bodensenke oder eine tief hängende Baumkrone. Wenn bei einer Neuanlage die Frage nach einer neuen Raumform und Raumbildung im Kontext des angrenzenden Bestandes gestellt wird, kann die Recherche über die Historie des Areals aufschlussreiche Hinweise geben. Ein Raum kann, muss aber nicht, eine geometrische Grundform haben; je unabhängiger ein Raum von seiner Umgebung, örtlichen Situation und Funktion geschaffen wird, desto freier kann die Form gewählt werden. Bei der Ausarbeitung von Raumstrukturen wird häufig durch Gegensatzpaare wie Weite und Enge oder Nähe und Ferne eine gewisse Spannung aufgebaut. Grundlage dieser Betrachtung ist das Wahrnehmen von Großzügigkeit und Überschaubarkeit oder Geborgenheit und Offenheit.

RAUMBILDUNG

Räume werden in der Landschaft durch vertikale Konturen, also durch eine seitliche Umgrenzung gebildet, wobei schon Andeutungen in Form von säulenartigen Elementen ausreichen können. › Abb. 16 Bäume und Bauten bilden in Städten die Räume. Wenn zwei Bauwerke durch eine Baumreihe verbunden werden, formen diese beiden Elemente eine Begrenzungsseite. Umschließen vier Baumreihen eine Fläche, dann bildet sich ein umschlossener Baumraum. Wird dieser von Gebäuden umrahmt, entsteht ein Platz, der verschiedene öffentliche Funktionen haben kann. Er kann als Treffpunkt dienen und Märkte aufnehmen. Eine Raumbildung kann aber auch durch Einsenkung in eine ebene Fläche oder durch terrassenartige Abtragung in einer Hanglage geschaffen werden. Beim Freiraum genügen oft nur Andeutungen von umgrenzenden und horizontalen Elementen. › Abb. 17 Wichtig ist die Betonung der Kontur an den Stellen, wo die Form des Raumes kenntlich gemacht werden soll. › Abb. 18 Deshalb müssen Raumecken und -rundungen erkennbar sein, wenn sie die Raumform deutlich machen sollen. › Abb. 19 Sollen Räume zu längerem Verweilen dienen, werden sie dafür hergerichtet und ausgestaltet. Schon ein einzelner Baum oder eine dicht berankte Pergola, die bei häufiger Benutzung in der Regel den Charakter einer Gartenlaube oder eines Pavillons annehmen wird, können diese Funktion

Abb.16:
Säulenbäume begrenzen den Raum

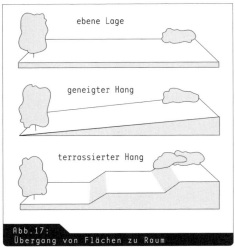

Abb.17:
Übergang von Flächen zu Raum

ebene Lage

geneigter Hang

terrassierter Hang

Abb.18:
Betonung der Raumkontur durch eine
geschwungene Hecke

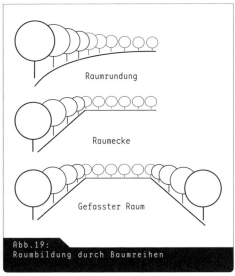

Abb.19:
Raumbildung durch Baumreihen

Raumrundung

Raumecke

Gefasster Raum

erfüllen. Einsehbar ist ein Raum im Freien nahezu immer, denn er soll meist auch einen Ausblick bieten. Nur wenige Elemente, Pflanzen und Stützen vermögen den räumlichen Halt, die Raumkontur zu geben, ausgewogene Detaillösungen ermöglichen eine individuelle Atmosphäre. › Kap. Entwurfsgrundlagen, Funktion Baumgruppen oder Solitärgehölze können

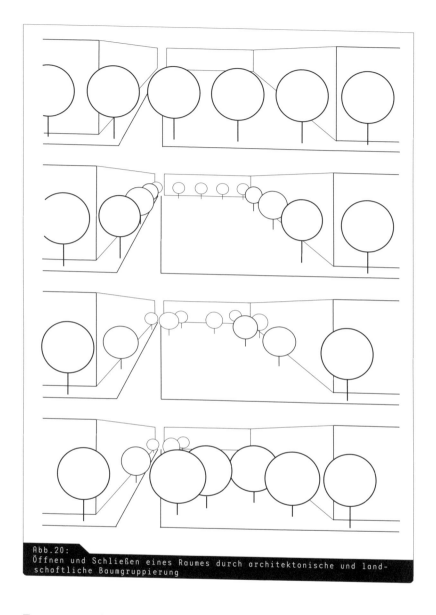

Trennungs- oder Verbindungselement innerhalb verschiedener Raumnutzungen sein. › Abb. 20 Geschlossene Raumgrenzen wiederum können
durch Unterbrechungen geöffnet werden. Bei Wegen und Straßen bieten
Alleen, einzelne Gehölzgruppen und größere Baumbestände eine Raum
bildende optische Führung.

RAUMORDNUNG

Gestalten mit Pflanzen heißt ordnen. Erst durch die Ausbildung von ablesbaren Raum- und Flächenstrukturen können Gestaltungsabsichten verstanden und Freiraumfunktionen vermittelt werden. Doch das Ziel gestalterischer Ordnung ist nicht Monotonie, denn Einförmigkeit kann nicht geordnet werden. Umgekehrt bedarf pflanzliche Fülle erfassbarer Ordnung. Die Gestaltung mit der Pflanze erfordert vor allem eine richtige Anordnung. Dies bedeutet, Pflanzen so einzusetzen, dass sie sich in ihrer Wirkung nicht gegenseitig stören oder aufheben, sondern steigern. Dazu bedarf es einer Rangordnung der einzelnen Pflanzenarten nach dem jeweiligen Wuchsverhalten sowie einer bewussten Zuordnung von Pflanzenformen und -farben. › Kap. Material Pflanze, Gestaltungsgrundsätze und Kap. Material Pflanze, Erscheinungsbild Pflanze Die vertikale Raumordnung ist in Pflanzungen ein wesentliches Gestaltungsziel. Das Miteinander eines hohen Baumes mit einer niedrigeren

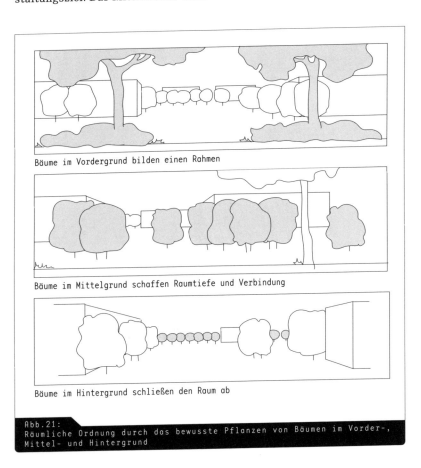

Bäume im Vordergrund bilden einen Rahmen

Bäume im Mittelgrund schaffen Raumtiefe und Verbindung

Bäume im Hintergrund schließen den Raum ab

Abb. 21:
Räumliche Ordnung durch das bewusste Pflanzen von Bäumen im Vorder-, Mittel- und Hintergrund

Abb. 22:
Raumteilung und Segmentierung durch
Auffaltungen und Einzelbäume

Abb. 23:
Verschiedene Höhenebenen und die
Verwendung unterschiedlicher Pflanzen-
charaktere ordnen den Raum.

Pflanzung sichert eine interessante Optik, wobei immer zu berücksichtigen ist, dass die Pflanzen dauerhafter zusammenleben, wenn sie sich unter Beachtung der jeweiligen Lichtansprüche in verschiedenen Höhenschichten entfalten und so Konkurrenz weitestgehend vermieden wird.

Vordergrund,
Mittelgrund,
Hintergrund

Die Raumordnung spiegelt sich in der bewussten pflanzlichen Gestaltung des Vorder-, Mittel- und Hintergrundes im überschaubaren Freiraum wider, welche die mit wachsender Entfernung veränderten Größen und Farbverhältnisse berücksichtigt. Bäume im Vordergrund haben andere Aufgaben als Bäume im Hintergrund. Bäume im Vordergrund führen in das architektonische Bild ein. Sie geben dem Betrachter Schatten zum ruhigen Betrachten des Bildes. Die Bäume im Mittelgrund bilden Maßstäbe und schaffen Raumtiefe. Bäume im Hintergrund übernehmen die Funktion der Raumbegrenzung. Hintergrundpflanzungen haben die wichtige Aufgabe, den Gartenraum gestalterisch zu vereinigen. Eine komplizierte Vordergrundpflanzung, z. B. ein Parterre oder eine Staudenpflanzung, benötigt einen ruhigen Raumabschluss, um zur Wirkung zu kommen. Hintergrundpflanzungen verrichten häufig zwei Aufgaben: für den Hintergrund zu sorgen und Einheit sowie optische Kontinuität zur umgebenden Landschaft oder zum Umfeld zu schaffen. › Abb. 21

Ausdruck einer Raumordnung sind auch aufeinanderfolgende Teilräume (Freiraumfolgen) mit jeweils unterschiedlicher Zweckbestimmung und Ausgestaltung, z. B. Themengärten. › Abb. 22 Grundsätzlich ist zu beachten, dass der durch Pflanzen gebildete Freiraum im Gegensatz zu Architekturräumen in seinen maßstabsbildenden Elementen wachstumsbedingten Veränderungen unterworfen ist. Die Festlegung von Raumproportionen ist am ehesten durch regelmäßigen Formschnitt möglich, der bei architektonisch geprägten Gartensituationen unabdingbar ist. › Abb. 23

GRENZEN

Raumgrenzen können durch sehr unterschiedliche Mittel gebildet werden. Gebäude, Mauern, Zäune, Hecken oder Geländemodellierungen können einheitlich körperhafte Grenzwände darstellen. Zusammengesetzte Grenzen entstehen durch Anordnungen verschiedenartiger Elemente entlang einer Grenzlinie, z.B. durch Einzelbäume, Solitärsträucher, Rankkonstruktionen, Ausstattungselemente, Steine, Mauerscheiben und Einzelhügel. Bilden Pflanzen die Raumgrenze, so gilt auch hier: Sie wandeln sich mit der Zeit, sie wachsen, in Einzelstellung verändert sich ihr Habitus. So kann etwa ein in den ersten Jahren nach der Pflanzung weiter, offener Garten sich nach 20–30 Jahren in eine unbehaglich beengende Einhüllung verwandeln, meist bedingt durch mangelhafte Pflege und fehlenden Rückschnitt. Daher ist es bei der Pflanzenauswahl und der Standortfestlegung wichtig, die artspezifische Zielhöhe und den zu erwartenden Habitus im Wandel der Zeit und in Abhängigkeit zur Stellung (z.B. Solitär oder enge Baum- bzw. Strauchgruppe) zum Zeitpunkt der Planung zu kennen. Durch jährliche Pflegemaßnahmen, z.B. das Auslichten von Gehölzen, kann eine zu starke Entwicklung bzw. ein Verkahlen von frei wachsenden Hecken und Sträuchern von unten verhindert werden. Die Höhe einer Umgrenzung bestimmt zusammen mit der Größe der eingeschlossenen Fläche den sichtbaren Himmelsausschnitt und vermittelt damit räumliche Weite oder Enge. Entsprechend verliert eine 2 m hohe Hecke mit zunehmender Entfernung vom Betrachter die räumliche Wirkung, sodass bei wachsender Flächengröße entsprechend höhere Raumwände erforderlich werden; Raum gliedernde Geländeformen (Senke, Kuppen, Terrassen) zeigen diesen Sachverhalt noch deutlicher. Raumbegrenzungen sind über oder unter Augenhöhe des Betrachters (ca. 1,7 m) vorzusehen. › Abb. 24 Auch niedrige Einfassungen wie Hecken, Spaliere, Stufen und Borde tragen, wenn sie quer zur Blickrichtung verlaufen, zur Gliederung von Freiräumen bei. Sie reichen aus, um Gartengrenzen zu markieren oder verschieden genutzte Flächen unterscheiden zu können. Zugleich stellen sie den Bezug zur Umgebung her. Der Gartenraum wird durch diese gliedernden Elemente optisch erweitert. Dagegen werden mit Hilfe geschnittener Baumwände oder auch frei wachsender Baumreihen Rahmungen geschaffen und Räume klar begrenzt. Je nach gewünschter Transparenz und Textur steht eine Vielzahl von Raum bildenden Vegetationsformen und mit Pflanzen berankten Elementen zur Verfügung. Die Auswahl reicht von locker bewachsenen, feingliedrig durchsichtigen Rankgerüsten bis hin zur massiven Wandform geschnittener Hecken oder begrünter Mauern. › Abb. 25 und 26 Überhängende Gehölze, buschige Sträucher und bis zum Boden beastete Baumheister verwehren den Blick, hingegen lassen hochstämmige Bäume oder aufgeastete Großsträucher den Augen freien Lauf. Der Winter vermittelt eine gänzlich neue Raumwirkung, wenn Laub abwerfende Bäume und Sträucher zum Einsatz

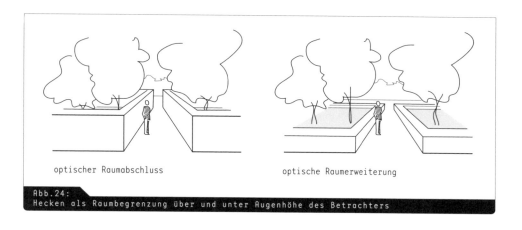

optischer Raumabschluss optische Raumerweiterung

Abb.24:
Hecken als Raumbegrenzung über und unter Augenhöhe des Betrachters

Abb.25:
Formschnittgehölze bilden eine Raumkontur.

Abb.26:
Berankte Pergola als gebaute Raumgrenze

kommen. Die Pflanzenauswahl sollte beim Kontrast von hell und dunkel, bei Farben und Texturen dem jeweiligen Gesamtcharakter der Anlage entsprechen (Spielplatz, repräsentative Architektur, Friedhof usw.). > Kap. Material Pflanze, Erscheinungsbild Pflanze

GRUPPIERUNG

Eine Verbindung zwischen getrennt wahrnehmbaren Elementen entsteht, wenn wir diese auf einer Basis von Gemeinsamkeiten zu Einheiten, zu Gruppierungen zusammenfassen. Die Anordnung z.B. von Bäumen als Gruppe schafft eine räumliche Situation. Die Anordnung kann nach ganz unterschiedlichen Prinzipien erfolgen, streng und regelmäßig als Baumraster, aber auch unregelmäßig aufgelockert als lichter Baumhain.

31

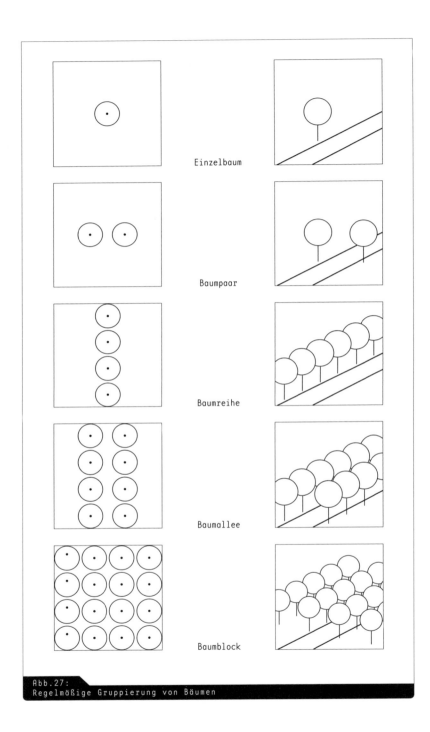

Einzelbaum

Baumpaar

Baumreihe

Baumallee

Baumblock

Abb.27:
Regelmäßige Gruppierung von Bäumen

Abb.28:
Solitärbaum

Abb.29:
Baumpaar

Regelmäßige
Baumgruppierung

Mit regelmäßigen, formalen Baumgruppen lassen sich in städtischen Freiräumen kraftvolle Akzente setzen. Wenn mehr als ein Dutzend Bäume in gleicher Anordnung gepflanzt sind, spricht man nicht mehr von Baumgruppen, sondern von Rasterpflanzungen. Dies ist ein sehr schlichtes und trotzdem wirkungsvolles Gestaltungselement. › Abb. 27

Solitärbäume

Ausgewachsene Solitärbäume entfalten im Landschaftsbild eine starke Wirkung, sie sind als Landmarken weithin sichtbare Zeichen. In der Gartengestaltung werden Solitärbäume entweder klar in die Grundrisskonzeption eingebunden, stehen an prägnanter Stelle, am Endpunkt eines Weges oder einer Sichtachse, als Mittelpunkt oder Eckpfeiler eines Gartenraumes oder, um einen Kontrast zu bewirken, bewusst außerhalb jeglichen Ordnungsgefüges. › Abb. 28

Baumpaare

Baumpaare sind ebenfalls Gestaltungselemente in der Landschaft, im Garten, im Stadtraum. › Abb. 29 Im Garten werden Eingänge, Sitzplätze, Gartenhäuser oder Übergänge von Gartenräumen durch Baumpaare flankiert und betont. Im städtebaulichen oder architektonischen Kontext markieren Baumpaare häufig repräsentative Eingangsbereiche.

Baumreihen

In vielen europäischen Kulturlandschaften gehören Baumreihen zu den wichtigsten Strukturelementen des Landschaftsbildes. Auch in der Gartenkunst sind Baumreihen ein immer wiederkehrendes Gestaltungselement, sie wirken raumbildend und rhythmisierend. › Abb. 30 In den Städten werden Flussläufe, Straßen- und Platzränder von Baumreihen gesäumt. Ihre gestalterische Kraft ist häufig weitaus stärker als die von den Raumkanten der Gebäude ausgehende Wirkung. Eine konsequente Grünplanung ist daher von großer Bedeutung für das Schaffen eines städtebaulich harmonischen Gesamtbildes. Baumreihen erfüllen verschiedene Gestaltungsaspekte:

Abb. 30:
Baumreihe

_ Sie können Richtungen weisen.
_ Sie können Blicke begrenzen.
_ Sie können Räume und Raumlinien bilden.
_ Sie können Straßenfassaden harmonisieren.

Bäume können als optische Ordnungsfaktoren Verwendung finden, wenn die Bauten disparat oder das Bild einer Straße unruhig und unregelmäßig ist. Umgekehrt können Bäume ein eintöniges Straßenbild auch beleben. › Abb. 31

Alleen Mehrere Baumreihen bilden Alleen. Alleen gehören zu den eindrucksvollsten Gestaltungselementen mit Bäumen. Der Begriff verweist auf das französische Wort „aller" (zu Deutsch: „gehen") und bezeichnet einen zu beiden Seiten mit Bäumen bestandenen Weg. › Abb. 32 In der Stadt kann man unter Baumreihen flanieren oder spielen, bei Straßenbegrenzungen und Mittelbepflanzungen können Straßen unter Baumreihen großzügig hindurchgeführt werden. Einige Alleen, z.B. „Unter den Linden" in Berlin Mitte, sind als Prachtstraßen in aller Welt bekannt geworden. Solche Straßenbepflanzungen machen das Bild der Stadt und der einzelnen Straße weicher und malerischer. Die Kulturgeschichte der Alleen beginnt in der Renaissance und erreicht im 18. Jahrhundert ihren Höhepunkt. Im Zeitalter des Absolutismus wurden die über viele Kilometer in schnurgerader Linie geführten Alleen zum Ausdruck der menschlichen Herrschaft über den Landschaftsraum. Ein Beispiel ist die Route Napoléon mit ihren Pappelalleen. Die Monarchen und Landesfürsten ließen die Wege zu ihren Schlössern, Landsitzen und Jagdrevieren auf beiden Seiten mit schattenspendenden Bäumen anlegen. Bei Alleepflanzungen sind je nach Baumart Abstände

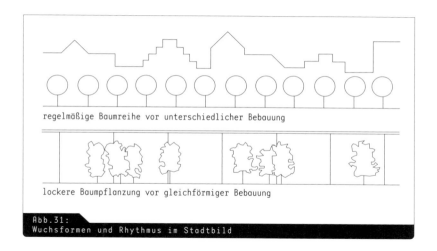

regelmäßige Baumreihe vor unterschiedlicher Bebauung

lockere Baumpflanzung vor gleichförmiger Bebauung

Abb.31:
Wuchsformen und Rhythmus im Stadtbild

Abb.32:
Baumallee

von 5–15 m empfehlenswert. Je dichter gepflanzt wird, desto ausgeprägter ist die Raum bildende Wirkung.

Baumblock

Der Baumblock ist eine Pflanzanordnung von Bäumen gleichen Alters und gleicher Art. Die Anordnung erfolgt in gleichen Abständen in jeder Richtung, meist auf rechteckiger Grundfläche. Diese architektonisch wirkende regelmäßige Anordnung wird durch dichtkronige Laubbaumarten wie z.B. Rosskastanie und Ahorn verstärkt. Bei Kastenlinden vermittelt ein kubischer Formschnitt der Baumkronen in dieser Anordnung einen nahezu gebauten Charakter, der Baumblock wird im städtischen Kontext Teil der Architektur. Durch eine richtungsgleiche Mehrfachreihung der

Abb.33:
Baumplatz

Baumblöcke entstehen städtebaulich prägnante Achsen (Boulevard). Der regelmäßige Baumblock weist in einem Umfeld mit vergleichsweise frei wachsenden Gehölzen (Landschaftspark) auf architektonische Höhepunkte hin (zentrale Gebäude und Plätze).

Baumplätze

Wenn mehr als ein Dutzend Bäume in gleicher Anordnung gepflanzt sind, handelt es sich nicht mehr um eine Baumgruppe, sondern um eine Rasterpflanzung. › Abb. 33 Die Baumplätze fungieren in der Stadt allerdings nicht nur als Raumelemente. Sie haben darüber hinaus wichtige andere Funktionen, dazu gehören:

_ der Platz als Treffpunkt,
_ der Platz als Schattenspender,
_ der Platz als Angebotsträger,
_ der Platz als Bereich für die Verbesserung des Kleinklimas.

Die Baumplätze sind deshalb beliebt, weil die Besucher zwischen Sonne und Schatten wählen können. Besonders in den Sommermonaten werden die Schattenangebote gern am Nachmittag oder am frühen Abend wahrgenommen. Die Plätze können bereichert werden durch Wasserbecken, farbige Blumenbeete, Hecken, Sträucher und Mauern, die den Platz gliedern.

Landschaftliche
Baumgruppierung

Die Gestaltung mit Bäumen in der Stadt hat eine doppelte ästhetische Funktion: Sie wirkt sich auf das Stadtbild aus, und sie bedeutet ein Einfließen der Natur in die Stadt, sofern sie nicht nur ein „Rest" von Natur ist. › Abb. 34 Ihre wichtigste Funktion besteht darin, den Unterschied zu dem

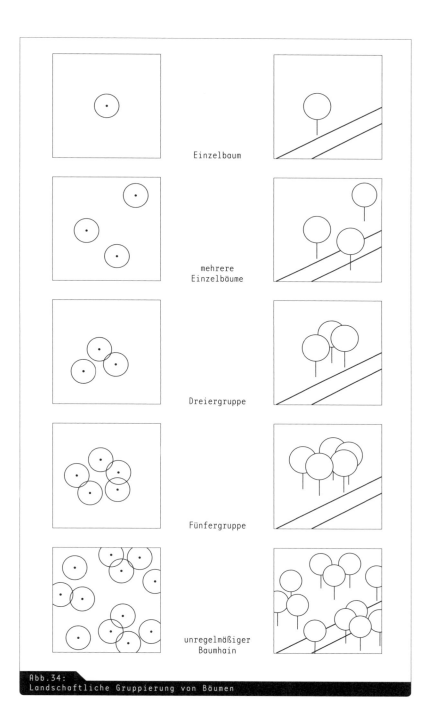

Einzelbaum

mehrere
Einzelbäume

Dreiergruppe

Fünfergruppe

unregelmäßiger
Baumhain

Abb.34:
Landschaftliche Gruppierung von Bäumen

Abb. 35:
Baumgruppe

Nicht-Natürlichen, also dem Gebauten, zu betonen. Über Jahrhunderte sind Städte nach geometrischen Mustern, in Rastern und strengen Formen gebaut worden. Innerhalb dieser festen Formgefüge repräsentiert die landschaftliche Baumgruppierung einen Ausschnitt von Natur, der diametral zu dem Kodex rational städtischer Entwicklung verläuft. Zur landschaftlichen Baumgruppierung gehören verschiedene Elemente:

_ der Einzelbaum,
_ mehrere Einzelbäume,
_ Dreiergruppe,
_ Fünfergruppe,
_ Hain.

Baumgruppen

Die Baumgruppe hat eine andere Funktion als die Baumreihe in der Allee. Sie vermag nicht nur Bauwerke hervorzuheben, sondern sie kann auch kleine Flächen umgrenzen oder ein ergänzendes Zwischenglied in der architektonischen Anlage einer Stadt sein. Frei kombinierte Baumgruppen bieten die gestalterische Möglichkeit, durch eine entsprechende Anordnung den Blick des Betrachters zu lenken und dem Freiraum weitere Tiefe zu geben. › Abb. 35 Durch das Zusammenspiel von Topografie und geschickter Platzierung von Baumgruppen können reizvolle Gartenlandschaften entstehen. Der Blick auf die Gartenkunst aller Epochen und Stilrichtungen zeigt, dass das Gestaltungselement der Baumgruppe nicht nur in frei komponierter, sondern immer auch in geometrisch gebundener Form verwendet wurde. Die geometrisch angelegten Baumgruppen werden häufig

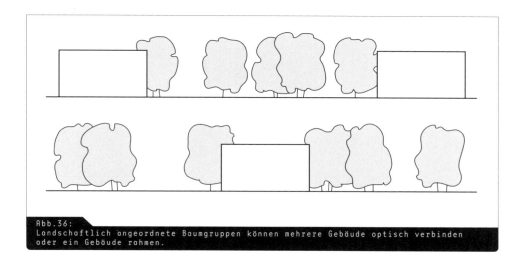

in dichten Abständen von 1,5–2,5 m gepflanzt und demzufolge auch als Baumpakete bezeichnet.

Wenige Bäume und lockere Baumgruppen können die Rahmung für ein Gebäude darstellen oder eine optische Verbindung zwischen mehreren Gebäuden schaffen. › Abb. 36 Die Bäume schaffen Raumtiefe und lösen die harten Gebäudekanten auf. Auch verschiedenartige Gebäudeformen können schon durch wenige Bäume und kleine Baumgruppen optisch zusammengefasst werden. › Abb. 37 Kommen in verschiedenartigen Bebauungen und Siedlungen nur wenige, immer gleiche Baumarten zum Einsatz, kann der Eindruck eines zusammenhängenden Gefüges entstehen. So kann ein Stadtquartier durch ein Baumthema für Bewohner und Besucher sichtbar und nachvollziehbar werden.

Baumhain   Baumhaine haben unterschiedliche Charaktere, lösen unterschiedliche Stimmungen aus. Dies hängt vor allem von der Wahl der Baumart ab (z.B. lichtdurchlässig bis verschattend; dunkel- oder hellgrünes Laub; glänzendes oder mattes Laub), jedoch auch von der Dichte der Baumstellung und der Pflanzstruktur (streng, formal oder frei, unregelmäßig). Der Hain entsteht durch eine Pflanzung aus Gehölzen der gleichen Art und des gleichen Alters. Der offene Charakter wird durch die Verwendung lockerkroniger, feintexturierter Baumarten (z.B. Birke, Lärche, Kiefer, Robinie) und durch Untergrünung durch bodendeckende Vegetation, Wiese oder Rasen gesteigert. › Abb. 38 Abhängig von der Baumart, dem Alter der Bäume und ihren Abständen untereinander, entsteht eine jeweils andere Atmosphäre. Ein lichter Hain aus hoch gewachsenen Buchen ist hell und freundlich, ein Kiefernhain ist mit seinem immergrünen Nadelkleid im Vergleich

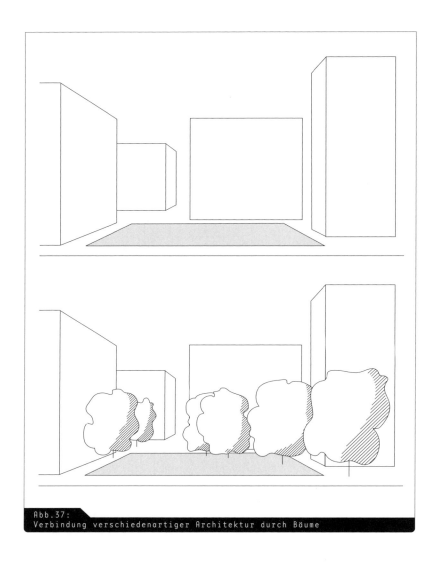

Abb.37:
Verbindung verschiedenartiger Architektur durch Bäume

dazu dunkel. Der frei naturhaft angeordnete Hain unterliegt im Gegensatz zum strengen Hain keinem regelmäßigen Raster. Die Baumabstände entstehen durch eine „Streupflanzung". Die Abfolge von hellen und schattigen Bereichen ist unregelmäßig, große Lücken wechseln mit kleinen, lockere Abschnitte mit dichten. Das Stimmungsbild freier Haine ist breit gefächert, je nach gewählter Baumart entstehen arkadische bis melancholische Empfindungen.

Abb.38:
Lichter Birkenhain auf bewegt modellierter Fläche

Abb.39:
Rasen als Raumboden

EBENEN/HÖHENENTWICKLUNG

Höhenunterschiede haben im Freiraum stark Raum bildendes Potenzial. Der Höhensprung, also der Übergang zwischen unterschiedlichen Niveaus, bildet die Raumgrenze. Höhenunterschiede können durch eine deutliche Kante ausgebildet sein oder als weicher Übergang (Modellierung). Raumebenen werden in Freiflächen vielfach mit Pflanzen durch Abstufung und Abgrenzung in verschiedenen Höhen (vom Rasen bis zum Baum) ausgebildet und gegliedert; Rasen, Wiese, Bodendecker und Stauden haben eine flächige Wirkung und unterstreichen die horizontale Ebene. Sträucher, Hecken, Großsträucher, Solitärgehölze und Bäume nehmen mit zunehmender Größe Raum bildende Stellung ein. Kletterpflanzen wie Selbstklimmer oder Wilder Wein können an Mauern und Gebäuden großflächig grüne Wände bilden.

Horizontale
Ebene

Streng geschnittene Rasenflächen, Wiesenflächen, niedrige Bodendecken aus einheitlichen Stauden und Gehölzen und kniehohe Pflanzungen haben durch ihre unterschiedlichen Texturen, Farben und Strukturen verschiedene optische Wirkungen in der horizontalen Fläche und vermitteln unterschiedliche Stimmungen wie Feierlichkeit, Stille oder Leichtigkeit. Rasen ist der Raumboden des gestalteten Gartens. › Abb. 39 Mit seiner immer gleich bleibenden weichen Textur hat der regelmäßig geschnittene Rasen eine stark teppichartige Flächenwirkung und bringt optische Ruhe in den Freiraum. Die Rasenflächen sollten daher möglichst großzügig und zusammenhängend gestaltet werden. Geländeformen treten durch den kurzen Schnitt des Rasens deutlich hervor. Wiesen haben im Verlauf des Jahres

41

dagegen ein wechselndes Aussehen. Die Farben der sich jahreszeitlich ablösenden und jeweils dominanten Gräser- und Blumenarten verleihen der Wiese eine vielfältige optische Dynamik. Verstärkt wird dies durch Wind und wogende Gräser. Das Mähen kann als gestalterisches Mittel eingesetzt werden, um interessante Kontraste zu schaffen, z.B. in Form von Rasenwegen, durch Mähen von Teilbereichen oder Wiesenrändern. › Kap. Material Pflanze, Gestaltungsgrundsätze und Kap. Material Pflanze, Erscheinungsbild Pflanze

Bodendecker aus immergrünen niedrigen Stauden und Gehölzen entfachen durch ihre verschiedenartigen Färbungen und Texturen eine im Vergleich zum Rasen lebendigere Flächenstruktur. Je kleinteiliger das Laubwerk und je niedriger die verwendeten Pflanzen sind, desto ausgeprägter ist ihre Flächenwirkung.

› ✎

Raum bildende
Ebenen

Die Elemente der Raum bildenden Ebenen sind Sträucher, Hecken, Großsträucher, Solitärgehölze, Baumgruppen und begrünte Fassaden. Sträucher und Hecken haben auf Rasenflächen in Gärten und Landschaften die Funktion, Flächen zu unterteilen, abzugrenzen und auf diese Weise Raumtiefe zu bilden. › Kap. Raumstrukturen, Raumbildung Ist eine visuelle Barriere gewünscht, können Sträucherhecken in größeren Abständen versetzt gepflanzt werden, dadurch lassen sich Raumkulissen entwickeln. › Kap. Raumstrukturen, Raumordnung Zugleich bieten Sträucher eine Überleitung von Bäumen zu Pflanzen auf Bodenhöhe sowie von der offenen Landschaft zum Garten und Park. Das Laub ist das wichtigste Merkmal von Sträuchern. Können sie eine große Fläche auf Augenhöhe ausfüllen, haben ihre Blätter einen erheblichen Anteil am Gesamteindruck einer Pflanzung – und der kann zurückhaltend, aber auch imposant sein. › Abb. 40 Sträucher sind über viele Jahreszeiten hinweg attraktiv (Blattfarbe, Blüten, Früchte), haben jedoch oft keine ausgeprägte Struktur.

Geschnittene Hecken sind neben Bäumen eines der wichtigsten Gestaltungselemente, da sie eine formale Komponente in den Entwurf bringen, Räume gliedern und starke Kontur-, Struktur- und Texturwirkung haben. › Kap. Raumstrukturen, Grenzen und Kap. Material Pflanze, Erscheinungsbild Pflanze Geschnittene Hecken können gestaltet werden als:

\\ Tipp:
Die Verwendung eines Pflanzentyps, z.B. einer Bodendeckerart, die sich durch eine Baum- und Strauchpflanzung einer Wohnanlage zieht, verbindet unterschiedliche Bereiche und klärt den Pflanzentwurf.

Abb.40:
Bäume und Hecken als Raum bildende
Elemente

_ Heckenräume
_ Heckenbänder
_ Heckenscheiben
_ Heckenpakete
_ Hecken in freien Formen

Heckenräume werden durch Heckenpflanzen gebildet, die über der
Blickebene des Betrachters liegen. Es können Räume entstehen, die in sich
abgeschlossene Pflanzthemen beinhalten. Heckenbänder sind halbhoch
und können in fächerartigen Anordnungen, in Schwüngen und anderen
spielerischen Formen angelegt sein. Heckenscheiben werden als grüne
Raumkanten bzw. „Wandscheiben" in den Freiraum gestellt, sie können
losgelöst oder im Kontrast zur Architektur stehen, müssen aber nicht.
Heckenpakete sind höhengestaffelte, kubische Grünvolumen; die Hecken
haben durch mehrere Reihen eine größere Tiefe. In freien Formen geschnittene Hecken haben eine starke plastische Wirkung; bei den Planungen des
belgischen Landschaftsarchitekten Jacques Wirtz sind geschnittene Hecken ein Stil bildendes Element.

Vertikale Flächen wie Gebäudewände und Mauern, aber auch vertikale Elemente wie Pergolen, Laubengänge und Sichtschutzwände bilden
Raumbegrenzungen in geschlossener und transparenter Form. Mit Klettergehölzen lassen sie sich vollständig oder partiell bepflanzen und werden

so zu grünen und blühenden Raumwänden. Kletterpflanzen erzeugen bei vollflächiger Begrünung einer Gebäudewand oder einer Mauer eine interessante Texturwirkung, die Begrünung wirkt wie ein grünes Kleid. > Abb. 41 Die partielle Bepflanzung mit Klettergehölzen setzt dagegen Akzente. Pergolen, Laubengänge und Spaliere werden von den Pflanzen umspielt und schaffen weiche Übergänge und schöne Details, Gebäude erhalten ein unverwechselbares Gesicht. Auf geringstem Raum können Klettergehölze vertikale Elemente begrünen. Sie werden nach ihrer Kletterweise unterschieden. Selbstklimmende Kletterpflanzen können vertikale Flächen und Elemente (auch horizontale Flächen) eigenständig bewachsen, Rank- und Schlingpflanzen benötigen Kletterhilfen. > Abb. 42 und Tab. 3

Wandflächen können auch aus Heckenpflanzen bestehen, die in Baumschulen herangezogen werden. Bei der Artenauswahl sind die gewünschte Endhöhe, der Grad der Dichte und die Frage nach Sommer- oder Wintergrün entscheidend. Hecken müssen jährlich mindestens einmal geschnitten werden, um die Wandform und Dichtigkeit zu erhalten. Für größere Entfernungen sollten als Raumbegrenzung Baumwände verwendet werden, um optische Wirksamkeit zu erzielen.

Wuchsform	botanischer Pflanzenname	deutscher Pflanzenname	flächige Begrünung	partielle Begrünung	Wuchshöhe in m	Wüchsigkeit*	immergrün	sommergrün
Selbstklimmer	Hedera helix	Efeu	x	x	10-20	l	x	
	Hydrangea petiolaris	Kletterhortensie		x	8-12	m		x
	Parthenocissus quinquefolia ‚Engelmannii‘	Engelmanns Wein	x		15-18	s		x
	Parthenocissus tricuspidata ‚Veitchii‘	Jungfernrebe	x		15-18	s		x
Ranker (mit Kletterhilfe)	Clematis montana in Sorten	Berg-Waldrebe		x	5-8			x
	Clematis montana ‚Rubens‘	Berg-Waldrebe Sorte ‚Rubens‘		x	3-10			x
	Clematis tangutica	Gold-Waldrebe		x	4-6			x
	Clematis vitalba	Gewöhnliche Waldrebe		x	10-12			x
	Parthenocissus quinquefolia	Wilder Wein	x		10-15	s		x
	Vitis coignetiae	Scharlachwein		x	6-8	s		x
Schlinger (mit Kletterhilfe)	Aristolochia macrophylla	Pfeifenwinde		x	8-10	m		x
	Celastrus orbiculatus	Baumwürger		x	8-12	s		x
	Lonicera caprifolium	Echtes Geißblatt		x	2-5			x
	Lonicera heckrottii	Feuer-Geißblatt		x	2-4			x
	Lonicera henryi	Immergrünes Geißblatt		x	5-7		x	
	Lonicera tellmannia	Gold-Geißblatt		x	4-6			x
	Polygonum aubertii	Schling-Knöterich	x	x	8-15	s		x
	Wisteria sinensis	Chinesischer Blauregen, Glyzine		x	6-15	m		x
Spreizklimmer	Jasminum nudiflorum	Winterjasmin		x	2-3			x
	Rosa in Sorten	Kletterrosen		x	2-3	m		x

* l - langsamwüchsig, m - mittel, s - schnellwüchsig

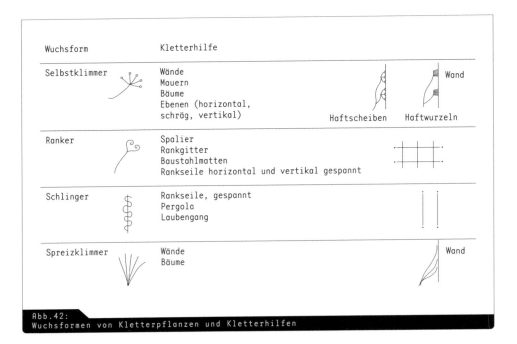

Wuchsform		Kletterhilfe		
Selbstklimmer		Wände Mauern Bäume Ebenen (horizontal, schräg, vertikal)	Haftscheiben	Haftwurzeln Wand
Ranker		Spalier Rankgitter Baustahlmatten Rankseile horizontal und vertikal gespannt		
Schlinger		Rankseile, gespannt Pergola Laubengang		
Spreizklimmer		Wände Bäume		Wand

Abb. 42:
Wuchsformen von Kletterpflanzen und Kletterhilfen

PROPORTION

Maße und Größenverhältnisse prägen das räumliche Erscheinungsbild. Proportion bezeichnet das präzise (und rechnerisch zu ermittelnde)
Verhältnis zwischen prägnanten Maßgrößen von Gegenständen (z. B. das
Verhältnis von Höhe zu Breite) und beschreibt die optische Gewichtung der
Größenverhältnisse von Gestaltkomponenten. Verkürzungen oder Vertie-
fungen eines Raumes können durch Änderung der Proportionen, aber auch
durch perspektivische Mittel erreicht werden. Wenn im Straßenraum die
Gebäudefassaden in der Gesamthöhe zu den Straßenbäumen ein Verhältnis von 3:5 haben, wirken die Proportionen ausgewogen und harmonisch.
Durch die Änderung der Seitenlängen auf das Verhältnis 2:6 oder auf 4:4
entstehen ganz andere Raumtendenzen. Bäume vermitteln maßstabsbil-
dend zwischen Gebäude und Mensch, daher ist es wichtig, dass Bäume
mit der Höhe und Größe der Gebäude harmonieren. Hohe Bäume benötigen
einen breiten Straßenquerschnitt und ausreichend Abstand zu Gebäuden,
während kleine Bäume gut in schmalen Straßen stehen oder näher an die
Gebäude gerückt werden sollten. › Abb. 43 Perspektivische Mittel können
durch Verjüngung der Maße die Tiefe und Breite eines Raumes verstärken.
Eine Tiefenwirkung kann durch eingeschobene, gestaffelte oder lineare
Elemente bewirkt werden, welche die Raumtiefe optisch gliedern. Diese

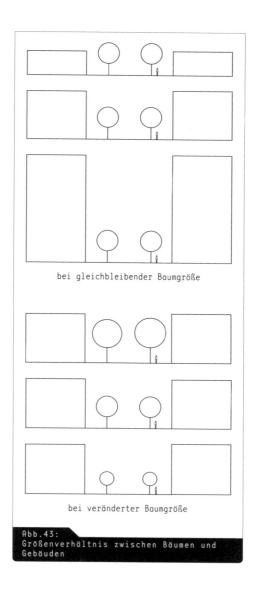

bei gleichbleibender Baumgröße

bei veränderter Baumgröße

Abb.43:
Größenverhältnis zwischen Bäumen und
Gebäuden

Elemente können zusätzlich durch besondere Größe und Eigenart auf die Proportion des Gesamtraumes einwirken. Zu diesem Zweck eignen sich Einzelbäume, Pergolen, spiegelnde Wasserflächen usw. › Kap. Raumstrukturen, Raumordnung Zu den perspektivischen Mitteln zählen auch lineare Strukturen wie Formschnittgehölze als Hecken oder farbliche Effekte wie Blätter und Blütenschmuck.

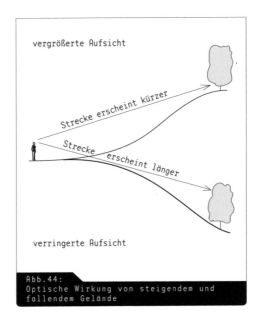

vergrößerte Aufsicht

Strecke erscheint kürzer

Strecke erscheint länger

verringerte Aufsicht

Abb.44:
Optische Wirkung von steigendem und
fallendem Gelände

Die Topografie und die Geländemodellierung können maßgeblichen Einfluss auf die Proportionen im Außenraum nehmen. So wirkt eine vom Blickpunkt des Betrachters aus sich neigende Fläche länger, weil sie sich von ihm abwendet. Das fallende Gelände erscheint ausgedehnter. Eine ansteigende Fläche wirkt dagegen kürzer, da sie vollständig eingesehen wird und sich optisch auf den Betrachter zu bewegt. › Abb. 44

\\ Tipp:
Farben können tatsächliche Entfernungen und Dimensionen verändern; die Farben Rot und Orange rücken einen Gegenstand in den Vordergrund und wirken damit optisch verkürzend. Blau, Blaugrün und Blauviolett rücken ihn in die Ferne und wirken optisch vertiefend (siehe Kap. Material Pflanze, Erscheinungsbild Pflanze).

\\ Tipp:
Parkanlagen, Stadtplätze und Gärten bieten zahlreiche Anregungen für das Studium von Pflanzen und ihrer Verwendung. Das Betrachten und Analysieren von vorhandenen Pflanzungen macht ihre Vielfalt und ihre unterschiedlichen Qualitäten deutlich. Welchen Charakter haben die Pflanzen? Welche Pflanzen passen gut zueinander? Wie ist die Pflanzung aufgebaut? Wie harmonieren die Pflanzen mit ihrem Umfeld? Durch die Analyse von guten und (!) schlechten Beispielen kann man an eigenen Pflanzplänen bewusster arbeiten.

MATERIAL PFLANZE

Die Auswahl bestimmter Pflanzenarten ist ein Prozess, bei dem eine Vielzahl von Kriterien abgewogen werden müssen. Es geht darum, die unterschiedlichen Erscheinungsformen der Pflanzen harmonisch miteinander und mit ihrer Umgebung zu verbinden und auf diese Weise ein klares, ausdrucksstarkes Bild zu schaffen. Entscheidend ist es, immer das Gesamtbild einer Freianlage oder eines Gartens im Auge zu behalten. Voraussetzung für die Gestaltung mit Pflanzen sind fundierte Pflanzenkenntnisse. So können z. B. starkwüchsige Pflanzen ihre Nachbarn in kurzer Zeit verdrängen und Teilbereiche eines Gartens regelrecht überwuchern; z.B. hat Knöterich (Polygonum) diese Eigenschaft. Andere Pflanzen wachsen sehr langsam oder mögen keine unmittelbare Pflanz-Nachbarschaft in gleicher Wuchsgröße.

Pflanzen sind ein lebendiges Material und entwickeln sich oft anders als geplant. Unsere Planung stellt ein Grundgerüst dar, in dem die ausgewählten Pflanzen sich entwickeln werden. Mit regelmäßigen Pflegemaßnahmen kann die Entwicklung und Qualität des Erscheinungsbildes von Freianlagen gesteuert werden.

ERSCHEINUNGSBILD PFLANZE

Wirkungsvolle Gestaltungen sind oft sehr schlicht gehalten und setzen sich aus wenigen gezielten Pflanzenarten und -sorten zusammen. Voraussetzung ist die genaue Vorstellung vom Erscheinungsbild der verwendeten Pflanzen und die Anwendung ästhetischer Gesetze. Die Kenntnis dieser Prinzipien ist bei der Auswahl und Positionierung von Pflanzen eine sicherere Grundlage als die bloße Intuition.

Form   Formen bilden sich durch die sie begrenzenden Pflanzenteile. Je nach Dichte der äußersten Wuchsenden (Zweige, Blätter, Blüten) wird eher die Form oder die Struktur einer Pflanze sichtbar. Laubbäume und -sträucher sind im Sommer genauso auffallend wie immergrüne Bäume und Gehölze, vor allem, wenn sie eine dichte Blattdecke haben. Bei einigen Laubbäumen und -sträuchern erscheint die Formgebung im Winter eindeutig, wenn das Ast- und Zweigsystem eng angeordnet ist und markante Konturen schafft. Je einfacher und eindeutiger die Formgebung einer Pflanze ist, desto leichter ist sie zu erfassen, zu beschreiben, zu zeichnen und zu benennen. Die Klassifizierung von Pflanzen in ihre Form unterscheidet verschiedene Wuchstypen. › Abb. 45 Formen können Körper und Fläche sein. Viele geschlossene Formen lassen sich aus den einfachsten Grundformen Quadrat, Kreis, Dreieck ableiten, offene Formen sind dagegen wesentlich komplizierter. Ihr Charakter zeigt sich zum Beispiel an den getrennten, dicht benadelten Enden eines Zweigsystems einer ausgewachsenen Zeder.

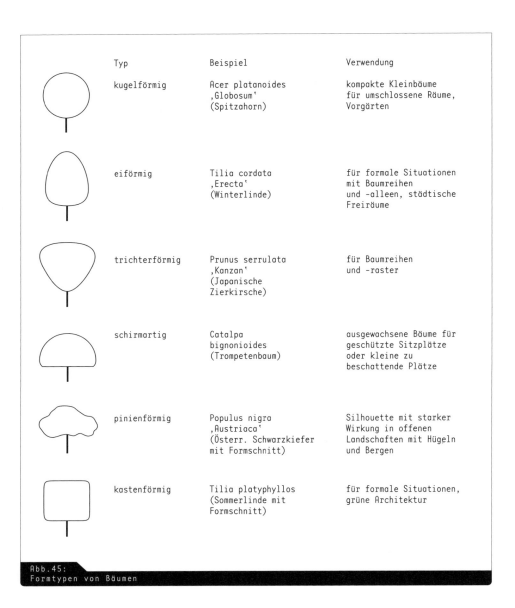

	Typ	Beispiel	Verwendung
	kugelförmig	Acer platanoides ,Globosum' (Spitzahorn)	kompakte Kleinbäume für umschlossene Räume, Vorgärten
	eiförmig	Tilia cordata ,Erecta' (Winterlinde)	für formale Situationen mit Baumreihen und -alleen, städtische Freiräume
	trichterförmig	Prunus serrulata ,Kanzan' (Japanische Zierkirsche)	für Baumreihen und -raster
	schirmartig	Catalpa bignonioides (Trompetenbaum)	ausgewachsene Bäume für geschützte Sitzplätze oder kleine zu beschattende Plätze
	pinienförmig	Populus nigra ,Austriaca' (Österr. Schwarzkiefer mit Formschnitt)	Silhouette mit starker Wirkung in offenen Landschaften mit Hügeln und Bergen
	kastenförmig	Tilia platyphyllos (Sommerlinde mit Formschnitt)	für formale Situationen, grüne Architektur

Abb.45:
Formtypen von Bäumen

Formcharaktere

Formprägnante Gehölze heben sich durch ihre architektonische oder grafische Wirkung ab und können einem Park, Garten oder einer Pflanzung Struktur verleihen. Durch ihre Wuchsform und -richtung rufen sie einen statischen oder dynamischen Eindruck hervor. Nach Wolfgang Borchardt › Anhang, Literatur werden Formcharaktere in „richtungslos", „richtungsstarr"

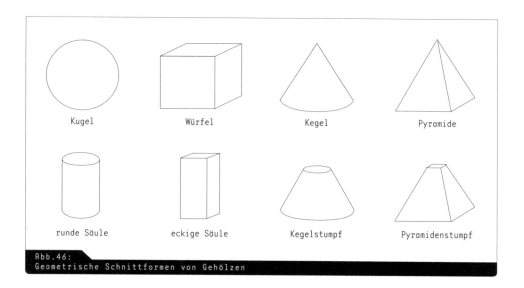

Kugel   Würfel   Kegel   Pyramide

runde Säule   eckige Säule   Kegelstumpf   Pyramidenstumpf

Abb. 46:
Geometrische Schnittformen von Gehölzen

und „richtungsbewegt" unterschieden. Die Kugel als einfache Formgestalt ist richtungslos und wirkt statisch, die horizontale und vertikale Pflanzenform ist richtungsstarr, die überneigende oder überhängende Pflanze ist dagegen richtungsbewegt. Sie strahlt Bewegung aus und schafft optische Dynamik. In unterschiedlichen und gegensätzlichen Kombinationen von Formcharakteren wird der statische oder dynamische Eindruck verstärkt. Beispielsweise wirkt eine an einem geschwungenen Weg (richtungsbewegt) stehende Vertikalform (Säule) gegensätzlich starr. Horizontale Pflanzenformen (Baumreihe) bilden einen ruhenden Gegensatz zu aufragenden Gebäuden (Hochhaus). Kugelpflanzen (richtungslos) können ein gegensätzlich geschwungenes Pflanzenband (richtungsbewegt) flankieren › **Kap. Material Pflanze, Gestaltungsgrundsätze**

Formgehölze   Durch regelmäßigen Formschnitt erhalten Bäume, Sträucher und Hecken geschlossene, klare Konturen. Ausgewählte Laub- und Nadelgehölzarten werden zu geometrischen (Würfel, Säule, Kugel, Pyramide, Kegel, Kegelstumpf usw.) oder organischen Körpern geschnitten. › **Abb. 46** Streng geschnittene Bäume unterscheidet man nach Kasten-, Dach-, Spalier- und Kugelform. › **Abb. 47** Formhecken bilden geschlossene, klare Raumkanten; als niedrige Hecken gliedern sie Gartenbereiche, ohne sie optisch abzuschließen. Durch den Formschnitt wird das Volumen der Pflanzen kontrolliert und nahezu konstant gehalten. Formgehölze sind besonders gut für architektonisch geprägte Gartenanlagen und zur Strukturierung von Freianlagen geeignet. › **Abb. 48** Doch nur eine begrenzte Zahl von Pflanzenarten kommt für den Formschnitt in Betracht. › **Tab. 4**

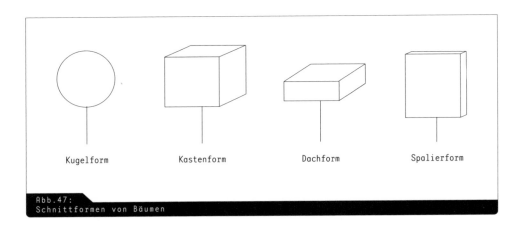

Kugelform   Kastenform   Dachform   Spalierform

Abb.47:
Schnittformen von Bäumen

Tab.4:
Bäume und Sträucher für den Formschnitt

Bäume und Sträucher für den Formschnitt

botanischer Pflanzenname	deutscher Pflanzenname	Solitär-baum	Hecken	Tor-bogen	Geomet-rische Körper	Schirm-form	Spa-lier	Bon-sai
sommergrüne Bäume und Sträucher								
Carpinus betulus und Sorten	Hainbuche	x	x	x	x	x	x	x
Cornus mas	Kornelkirsche	x				x	x	x
Crataegus-Arten	Weißdorn	x						
Fagus sylvatica	Rotbuche		x	x	x			
Platanus acerifolia	Platane	x						
Tilia-Arten	Linde	x	x	x				
immergrüne Bäume und Sträucher								
Buxus sempervi-rens arborescens	Buchsbaum		x		x			
Ilex aquifolium in Sorten	Stechpalme				x			
Ilex crenata in Sorten	Japanische Hülse				x			x
Ligustrum vulgare ,Atrovirens'	wintergrüner Liguster		x		x			
Pinus-Arten	Kiefer					x		x
Taxus-Arten	Eibe		x		x	x		x
Obstgehölze								
Malus domestica in Sorten	Apfel						x	
Pyrus communis in Sorten	Birne						x	

52

Abb.48:
Formgehölze

Abb.49:
Bei Laubgehölzen wird im Winter der
Verzweigungscharakter sichtbar.

Ausgewogenheit
von Habitus und
Form

Es ist wichtig, die optische Wirksamkeit der Form einer Pflanze aus verschiedenen Entfernungen zu kennen, da in der Landschaftsarchitektur die Entfernungen bestimmt werden, aus denen die Pflanzungen beobachtet werden. Die optische Wirkung der Form verändert sich mit der Distanz zur Pflanze. Aus einer größeren Entfernung registriert das Auge eher eine silhouettenartige Wirkung als eine Form; aus einer mittleren Distanz erscheint die Vegetation durch Schatteneffekte körperhafter; aus einer nahen Position haben Farbe und Textur einer Pflanze einen größeren optischen Einfluss als die Form. Die Distanz sollte auch die Entscheidung über die Anzahl von unterschiedlichen Arten beeinflussen. Der beiläufige Betrachter kann aus einer größeren Gruppe von Bäumen nur wenige verschiedene Arten optisch registrieren.

Habitus

Wie die Form trägt der Habitus am stärksten zum Erscheinungsbild der Pflanze bei. Er zeigt ihre charakteristische Wuchsart. Bäume gehören in der Landschaftsarchitektur zu den Pflanzen, deren Habitus am meisten auffällt. Bei Bäumen und Sträuchern ist er am deutlichsten in seiner Wintererscheinung zu erkennen. › Abb. 49 Bei der Klassifizierung von Pflanzen in Habitus-Typen werden diese grafisch, wie geschnitten, dargestellt. › Abb. 50 Die Einteilung in Habitus- und Form-Typen schafft eine Übersicht, welche Pflanzen optisch in eine entsprechende Situation passen könnten. Ein Baum mit regelmäßigem, festkronigem Wuchs ist für eine formale Situation geeignet, in der Bäume im gleichen Abstand stehen (Stadtplatz), ein

Typ	Beispiel	Verwendung
 rundlich, kugelig	Platanus acerifolia (Platane im Alter)	für formale Situationen mit Baumreihen, -alleen und -rastern
 eiförmig-rundlich	Acer platanoides ‚Cleveland' (Spitzahorn)	für städtische Freiraum-situationen, u.a.: Plätze, Straßen und Parkanlagen
 unregelmäßig, lockerkronig	Gleditsia triacanthos (Gleditschie)	in zwanglosen Situationen als Einzelbaum, in gemischten Pflanzungen
 mehrstämmig	Acer palmatum (Fächerahorn)	in Verbindung mit Gebäuden, zur Betonung
 kegelförmig	Corylus colurna (Baum-Hasel)	für Gruppenbepflanzungen oder als Akzent zwischen anderen Pflanzen
 säulenförmig	Populus nigra ‚Italica' (Säulen-Pappel)	für offene Landschaften flacher Ebenen und sanfter Erhöhungen, zur Betonung linearer Elemente (Alleen), Kontrast zu betont horizontalen baulichen Elementen und Eingangsbereichen
 überhängend	Betula pendula (Sand-Birke)	Solitärbaum mit malerischer Form für Einzelstellungen und lockere Gruppen, für landschaftliche Parkanlagen und aufwendig vielgestaltige Gebäude

Abb.50:
Habitustypen von Bäumen

\\ Tipp:
Mit Modellbaustudien lassen sich gut verschiedene Kombinationen von Habitus-Typen, Aststrukturen, Texturen und Form-Typen von Bäumen
und Sträuchern durchspielen. Geeignet sind
pflanzliche Materialien wie Zweige, getrocknete
Blüten- und Samenstände, Früchte.

Baum mit lockerem, unregelmäßigem Wuchs kann eine harte und einför-
mige Gebäudefassade auflockern.

Auch Stauden und Gräser können einen ausgeprägten Habitus auf-
weisen. Blüten, Blätter, Stängel und Wuchsrichtungen der Triebe schaffen
verschiedenartige Wuchsformen: eintriebige Stauden haben grundständige
Blätter und einen Stengel mit Blüten, z.B. Königskerze (Verbascum) und
Fingerhut (Digitalis), aufrecht wachsende Horstpflanzen wachsen straff
nach oben, z.B. Iris und Chinaschilf (Miscanthus), übergeneigt wachsende
Horstpflanzen fallen in weichen Linien bogenförmig auseinander, z.B.
Taglilien (Hemerocallis) und Federborstengras (Pennisetum). Die einzelnen
Wuchsformen haben unterschiedliche Wirkungen; straff aufrechte Stauden
wirken strukturierend und setzen Akzente, übergeneigt wachsende Stauden wirken sanft und elegant. Werden verschiedene Pflanzen zusammen-
gepflanzt, kann anhand der jeweiligen charakteristischen Wuchsart und
-form abgewogen werden, ob die Pflanzen gestalterisch eine Verbindung
eingehen können oder nicht. › Kap. Material Pflanze, Gestaltungsgrundsätze

Der Habitus einer Pflanze entwickelt sich stark in Abhängigkeit
von Licht und Konkurrenz. Eine Pflanze, die sonnige Standorte bevorzugt,
würde an einem schattigen Platz nicht ihren charakteristischen Habitus
entwickeln; kümmerliches Wachstum und Blütenausfall wären die Folge.

Textur Die Textur gehört zu den wichtigen gestaltwirksamen Eigenschaften
der Pflanze. Sowohl die Dichte der gesamten Pflanze als auch die Oberflächenbeschaffenheit des Einzelblattes, des Stammes oder der Triebe schaffen eine texturierte Wirkung. Unter Textur versteht man die Ausprägung
des Laubkleides der Pflanze: die Form und Oberflächenbeschaffenheit der
einzelnen Blätter, ihre Größe, ihre Ausrichtung, ihre Anzahl und die Art,
wie das Licht von der Blattoberfläche reflektiert wird. Auch die Feinheit
der Triebe und Zweige geben der Pflanze Textur. Eine vereinfachende Einteilung von Texturen reicht von „sehr fein" (Rasen), „fein", „mittel", „grob"
bis „sehr grob". › Abb. 51 Eine geschnittene Hecke hat, wie kurz geschnittener
Rasen, in der Regel eine dichte, feine und „glatte" Oberfläche mit einer ruhigen Flächen- und Wandwirkung. Die dichte, feine Textur einer geschnittenen Eibenhecke und ihre architektonische Form haben beispielsweise

Abb.51:
Beispiele verschiedener Texturen: fein, mittelfein, mittelgrob, grob

Abb.52:
Flächenstruktur durch Gräserpflanzung im Raster

Abb.53:
Blütenmuster als großflächiger, ausgerollter Teppich

eine formale, strenge Wirkung, während eine frei wachsende Rosenhecke einen natürlichen Akzent setzt. Werden Pflanzen mit Gebäuden oder anderen Strukturen verbunden, sind bei der Verwendung von Pflanzentexturen die vorhandenen oder geplanten Materialtexturen und -strukturen des Gebäudes zu berücksichtigen. Leicht kann eine langweilige optische Wirkung entstehen, wenn z.B. die Blätter einer Pflanze genauso groß sind wie die Ziegelsteine einer Mauer. › Kap. Material Pflanze, Gestaltungsgrundsätze Pflanzentexturen haben verschiedene Fähigkeiten:

_ Sie können dem Vegetationsbild den Eindruck von Kraft und Entschiedenheit verleihen.
_ Sie können akzentuierte Wirkungen schaffen.
_ Feine Texturen können einen ruhigen und klaren Hintergrund schaffen, der den Gartenraum optisch vergrößert.

56

Abb.54:
Rasenbänder bilden im Rhythmus eine
zusammenhängende Struktur

Abb.55:
Auffaltungen im Wegebelag entwickeln
durch Anlagerung von Pflanzenelementen
eine Flächenstruktur

_ Sie können als Unterstützung dienen, um die Tiefe der Landschaft zu betonen.

_ Sie können den Eindruck von Einheitlichkeit in einer Pflanzung hervorrufen, indem sich ein und dieselbe Textur durch eine Reihe von Pflanzenarten hindurchzieht.

Struktur

Struktur definiert den inneren Aufbau einer Gestalteinheit. Erst durch Wiederholung der inneren Elemente entsteht Struktur. Der Begriff Struktur ist für alle Ebenen der Gestaltung anwendbar, eine Pflanzung, ein Entwurf, ein Text benötigt ein solches Gerüst, um nachvollziehbar zu sein.

Flächige
Strukturen

Die Anordnung von Formen gleicher oder ähnlicher Art in großer Zahl ergibt auf einer Fläche eine Strukturwirkung. > Abb. 52 Regelmäßig angeordnete Strukturen sind ornamental, gemustert (Tapete, Stoffdruck, Teppich) und betonen die Fläche. > Abb. 53 Unregelmäßig angeordnete Strukturen wirken lebendiger und räumlicher. > Abb. 54 und 55 Die Texturen von Materialien und Pflanzen erzeugen ganz unterschiedliche Wirkungen in der Fläche. Eindrucksvoll sind beispielsweise Beetflächen, die nur aus einer Staudenart bestehen. > Abb. 56 und 57 Auch Beetflächen mit bodendeckenden Pflanzungen verschiedener Sommerblumen- und Staudenarten sind Beispiele für Flächenstrukturen. Die Strukturierung innerhalb einer Pflanzung kann etwa durch Pflanzen mit ausgeprägtem Blattwerk (Gräser, Farne) vorgenommen werden, die wiederholt verwendet werden. > Kap. Material Pflanze, Gestaltungsgrundsätze

Räumliche
Strukturen

Raumstrukturen sind durchsichtig oder durchbrochen. In einem Wald mit hohen Bäumen befindet sich der Spaziergänger in einem strukturierten

Abb.56:
Flächenstruktur durch gleichförmige
Blütendecke

Abb.57:
Flächenstruktur durch regelmäßig linear
angeordnete Staudenpolster

Abb.58:
Raumstruktur durch Reihung von vertikalen Pflanzenkörpern

Abb.59:
Raumstruktur durch lineare Wiederholung
von Bäumen

Raum. Bäume sind vor, hinter und neben ihm, Äste und Zweige über ihm.
Erst die Vielzahl von gleichen und ähnlichen Elementen und ihre Auf-
teilung ergeben eine Raumstruktur. > Abb. 58 und 59 Um einem Garten eine
räumliche Struktur, ein „Gerüst" zu geben, werden gleiche oder ähnliche
Raum bildende Elemente (z.B. Baum- oder Gehölzformen) ausgewählt und
wiederholt im Raum angeordnet. Diese Anordnungen können dicht, luftig,
gleichmäßig, rhythmisch oder ungeordnet sein und haben unterschiedliche Wirkungen. > Abb. 60, 61 und Kap. Material Pflanze, Gestaltungsgrundsätze Bei Laubgehölzen im unbelaubten Zustand und einigen Nadelgehölzen wird das

Abb.60:
Pflanzenverwendung mit fließendem Zusammenspiel

Abb.61:
Differente Pflanzentypologien strukturieren den Raum horizontal und vertikal.

räumliche Gefüge, der Verzweigungscharakter sichtbar. Die entstehende linienhafte, grafische Wirkung der Äste kann sehr gut für die Kontrastbildung zu Hintergründen verwendet werden. › Kap. Material Pflanze, Gestaltungsgrundsätze

Kontur

Das Umrissbild bzw. die Silhouette einer Pflanze wird als Kontur bezeichnet. Unterschieden wird zwischen Gehölzen mit geschlossener und offener Kontur. Formgehölze und Formhecken haben durch ihren regelmäßigen Schnitt eine dichte Textur und klare, linienhaltende geschlossene Konturen, die zur Strukturierung eines Gartens wichtig sind. › Abb. 62 Formale Gartenanlagen sind ohne Formgehölze nicht denkbar. Auch dicht texturierte, frei wachsende Gehölze und Gehölze mit organischem Formschnitt sind geschlossen und klar begrenzt, ihre Wirkung ist plastisch und optisch „schwer". › Abb. 63 Offene Konturen sind entweder geordnet, z.B. durch Zweigetagen (Pagodenhartriegel – Cornus controversa) und gleichmäßige Stufen (Serbische Fichte – Picea omorika), oder unregelmäßig und locker. Je näher der Blickwinkel des Betrachters liegt, desto stärker nimmt er die Konturen der einzelnen Blätter war.

Farbe

Die meisten Betrachter nehmen in einem Garten die Farben und Texturen von Blüten, Blättern und Früchten wahr, obwohl der Habitus und die Form die wichtigsten optischen Faktoren sind, mit der die Pflanze in Erscheinung tritt. Mit dem Habitus und der Form von Pflanzen zeigt sich der langsam reifende Garten, mit Farbe und Textur der verschiedenen Arten werden die jahreszeitlichen Aspekte betont. Die Farbe zeigt sich bei Pflanzen in einer sehr großen Vielfalt, hinzu kommen die Variationen, die aus den Lichtverhältnissen und der Textur der Blatt- und Blütenoberfläche (z.B. glänzend, matt usw.) resultieren. Mit Farbkreisen und Farbtabellen

Abb.62:
Klare, geschlossene Konturen von Form-
schnitthecken

Abb.63:
Weiche, geschlossene Konturen von
kompakt geschnittenen Krummholzkiefern

werden Farben systematisiert und auf ihre Wirkungen hin untersucht und geprüft. Farbton, Farbhelligkeit und Leuchtkraft bestimmen den Farbeindruck. In der Landschaftsarchitektur ist beim Umgang mit Farbe zu berücksichtigen, dass in den meisten Gärten und Landschaften die Farbe Grün überwiegt, im Herbst und Winter die Farbe Braun, während die anderen Farben nur einen sehr kleinen Teil abdecken.

Farbhelligkeit Farbe ist abhängig vom Licht. Lichtart, Lichtstärke und Einfallswinkel sind für ihre Wirkung ausschlaggebend. Die Farbgebungen von Pflanzen sehen in der Sonne oder im Schatten ganz unterschiedlich aus. Bei der Planung ist die Frage zu klären, zu welchen Tageszeiten welche Bereiche des Freiraumes von der Sonne beschienen werden. Diffuses Licht reduziert die Farbintensität, während diese bei direkter Beleuchtung stark zunimmt. Ein offener oder ein bewölkter Himmel wirkt entsprechend auf die Erscheinung von Blüten und Blättern ein, aber auch künstliches Licht. Gelb und Gelbgrün zeigen bei Tageslicht die größte Intensität, Blaugrün bei Nacht. Bei grellem Licht und bei zunehmender Dunkelheit verblassen die Farben, die Helligkeiten bleiben jedoch noch sichtbar. Auch die Tiefenwirkung einer Pflanzung ändert sich mit der Richtung, aus der die Lichtquelle kommt. Das morgendliche und abendliche Sonnenlicht (Licht von der Seite) erzeugt in einem Garten oder einer Landschaft eine viel stärkere Wirkung von räumlicher Tiefe als mittags. Auch diffuses Licht gibt weniger Tiefe.

Jede Farbe hat ihre spezifische Helligkeit: Blau ist dunkel, Gelb ist hell, Rot ist mittelhell und etwas dunkler als Orange. Durch das Beimischen von Weiß und Schwarz werden Farbtöne gebrochen, die Abstufungen können in einem Farbkreis dargestellt werden. › Abb. 64 Im Außenring des Farbkreises sind die farbintensiven Spektralfarben dargestellt, der Innenkreis zeigt eine neutrale Fläche, welche die maximale Aufhellung als

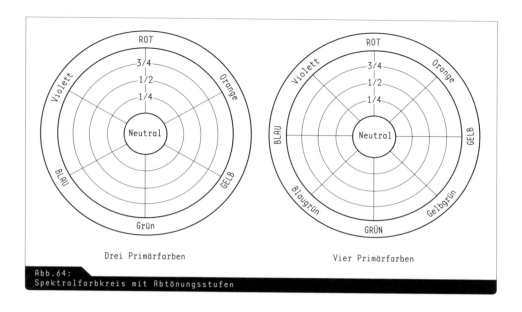

Abb.64:
Spektralfarbkreis mit Abtönungsstufen

„neutrales" Weiß oder die maximale Abdunklung als „neutrales" Schwarz
darstellt. Zwischen dem Außenkreis und dem neutralen Zentrum erfolgt
eine Abstufung nach Farbintensität. Wird Blau verdunkelt, wirkt es schwer
und verliert seinen schwebenden Charakter, wird Gelb weißlich, verliert es
sein Leuchten und wird blass. Je mehr eine Blütenfarbe durch Beimischen
von Grau gedämpft wird, desto weniger Leuchtkraft und Fernwirkung hat
sie. Reine Farben erscheinen optisch also näher als gebrochene Farben.

Weiß verstärkt die Wirkung aller Farben. Pflanzungen mit weißen
Blütenpflanzen und panaschiertem Laub (weißrandig, weißfleckig) hellen
Schattenbereiche auf. Silbergraue Pflanzen haben eine ähnliche aufhel-
lende Wirkung, insbesondere in Kombination mit Weiß.

Komplementäre
Farben

Komplementärfarben sind Farben, die sich im Farbkreis gegenüberstehen. Durch Mischung entstehen aus den drei Primärfarben Rot, Gelb,
und Blau die Sekundärfarben Grün, Violett, Orange. Die sechs Farben bilden das Spektrum des weißen, zerlegten Sonnenlichts. Eine primäre Farbe
liegt jeweils einer sekundären Farbe gegenüber, z. B. liegt Rot dem Grün gegenüber. Bei spektraler Mischung werden Gegenfarben weiß. Komplementärfarben steigern sich gegenseitig in ihrer Wirkung, ihrer Farbintensität.
Rot leuchtet vor grünem Hintergrund, Gelb vor violettem Hintergrund,
Blau vor Orange und umgekehrt. Jede Farbe hat die Tendenz, jede andere
Farbe zu dem ihr selbst gegenüberliegenden Pol zu drücken: Grün macht
Gelb rötlicher – Grün erzeugt in Gelb seine rote Gegenfarbe. Gelb mischt

sich mit dem nicht vorhandenen, durch komplementären Kontrast erzeugten Rot und neigt zu Orange; Blau macht Grün gelblicher, Grün lässt Blau violett erscheinen, und Gelb bewirkt ein bläulicheres Grün.

Bei den vier Primärfarben Rot, Gelb, Blau und Grün fallen die Gegensatzfarben, welche die stärkste Wirkung erzeugen, genau auf den gegenüberliegenden Platz im Farbkreis. › Abb. 64

Kalte und warme Farben
Der Farbkreis lässt sich in warme und kalte Farben aufteilen. Rot, Orange und Gelb werden mit Wärme in Verbindung gebracht, dazu gehört auch das gelbliche Grün und helles Laubgrün. Blau, Blauviolett und Blaugrün werden als kalte Farben betrachtet. Warme Farben erscheinen dem Betrachter näher, kalte Farben rücken optisch in den Hintergrund, der Freiraum erscheint tiefer als er ist. Als neutrale Farbe sind das mittlere Grün und ein bläuliches Purpur zu betrachten. Daher hat das Grün der Landschaft eine beruhigende und stabilisierende Wirkung. Eine Farbkombination, die nur aus warmen Farben oder kalten Farben besteht, wirkt harmonisch, während die Kombination von warmen und kalten Farben Kontrast erzeugt, ohne unbedingt unharmonisch zu sein.

Farbklänge
Bei einem Einklang besteht die Möglichkeit, mit einem Farbton als Grundton zu arbeiten und diesen in Abstufungen eng benachbarter Töne, z. B. in die wärmere und kältere Richtung, zu variieren. Außer der Farbvariation entscheiden auch Hintergrund, Umfeld, Wuchsformen und Texturen der benachbarten Pflanzen über dessen Qualität. Schon die zahlreichen Grünabstufungen von Gehölzen können, bewusst nebeneinander gesetzt, einen guten Farbklang erzielen und halten eine Pflanzung ruhig. Bei der Kombination von dunklen Nadelgehölzen mit helleren Laubgehölzen werden die Farbtöne intensiver. In traditionellen japanischen Gärten wird mit vorwiegend immergrünen Bäumen und Sträuchern ein einfarbiger Farbklang erzeugt. Nur kurz tauchen im Frühling mit der Kirschblüte und im Herbst durch die Herbstfarben der Laubarten weitere Farben auf, die aber gerade durch ihr kurzes Erscheinen sehr effektvoll sind.

 ›

\\ Beispiel:
Pflanzbeete mit nur einer Blütenfarbe werden als monochrome Farbzusammenstellungen bezeichnet. In einfarbigen Pflanzbeeten kommen Kontraste von Formen besonders gut zur Geltung, z. B. der Blütenstände: gelbe Schafgarben (Achillea), Goldruten (Solidago) und Sonnenhut (Rudbeckia) in großen Gruppen dicht zusammenstehend.

\\ Tipp:
Schon die Verwendung einer einzigen Farbe lässt eine große Fülle von Farbtönen zu, wenn diese aufgehellt, abgedunkelt, wärmer oder kälter vermischt ist. Die Reduzierung auf wenige Ausgangstöne schafft einen inneren Zusammenhang und verhindert bunte, zufällige Farbigkeit. Kräftige Farben entfalten ihren Ausdruck in sonnigen Bereichen, dezente helle Farben wirken in schattigen Lagen.

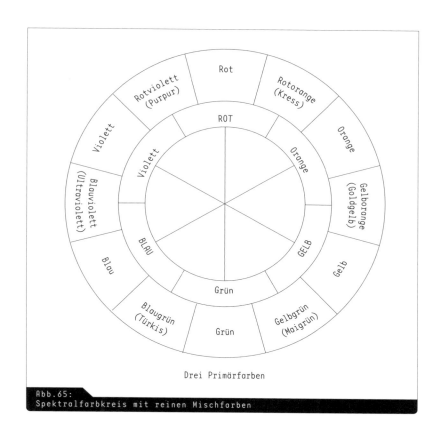

Drei Primärfarben

Abb. 65:
Spektralfarbkreis mit reinen Mischfarben

Zweiklänge sind Farben, die sich im Farbkreis gegenüberstehen (Gegenfarben): Orange und Blau, Goldgelb und Ultramarin, Rotorange und Blaugrün. › Abb. 65 Dreiklänge entstehen aus Farben, die jeweils um ein Drittel des Kreisumfangs voneinander entfernt sind: Blau, Gelb und Rot oder Ultramarin, Rotorange und Gelbgrün. Eine weitere Möglichkeit besteht darin, die einer Gegenfarbe im Zweiklang benachbarte Farbe einzubeziehen (Ultramarin, Gelborange, Gelb) oder von zwei Gegensatzpaaren eine Farbe auszulassen (Blaugrün, Rotorange, Orange). Werden zwei Primärfarben mit einer Sekundärfarbe kombiniert, erzeugen sie eine starke Wirkung (Rot, Blau, Violett), zwei Sekundärfarben mit einer Primärfarbe wirken raffinierter (Grün, Orange, Rot). Innerhalb solcher Angaben von Farbklängen gibt es jedoch eine große Spannweite von Farbtönen – nicht jedes Rot harmoniert mit jedem Grün. Harmonieren zwei Farbtöne nicht, kann ein dritter Ton die Dissonanz wieder auflösen. Mit jedem zum Dreiklang hinzukommenden Ton wird es schwieriger, ein ausdrucksvolles Bild zu schaffen.

Tab. 5: Beispiele für Farbklänge	
Zweiklang	**Dreiklang**
blau - orange	blau - rot - gelb
gelborange - ultramarin	blau - rot - silbergrau
orange - silbergrau	hellblau - gelb - silbergrau
rosa - silbergrau	gelb - weiß - silbergrau

Wirkungsvolle Farbklänge entstehen in Kombination mit silbergrauem Blattwerk. Kräftige Farben wie Rot und Blau kommen in dieser Nachbarschaft noch stärker zum Leuchten, zurückhaltende Farben wie Pastelltöne kommen gut zur Geltung > Tab. 5

ZEITLICHE DYNAMIK

Die Planung mit dem Gestaltungsmittel Pflanze geht über Fläche und Raum hinaus in die vierte Dimension, die Zeit. Im Gegensatz zu Beton und Stein ist die Pflanze ein lebendiges Material, deren Gestalt sich durch Wachstum verändert. Das Tempo dieser Veränderung kann sehr unterschiedlich sein. Vor allem wenn sich Blätter, Blüten und Früchte von Pflanzen entwickeln, kann die Wandlung teilweise täglich beobachtet werden. Je nach Lebenszeit verändert sich eine Pflanze in unseren Breitengraden rhythmisch durch die vier Jahreszeiten und über viele Jahre, Jahrzehnte oder Jahrhunderte hinweg. Im Garten ist ein ständiges Werden und Vergehen zu beobachten. Aber diese Eigendynamik wirft auch Fragen auf: Wann ist ein Garten fertig? Wann gewinnt, ab wann verliert der Garten an Qualität? Planung mit dem Material Pflanze heißt, sich auch auf lange Zeiträume einzustellen, Wachstum braucht Zeit. Eine neu angelegte Freianlage mit pflanzlichen Elementen hat im Gegensatz zu einem über Jahre hinweg eingewachsenen Garten ein kahles, unfertiges Erscheinungsbild. Dies kann für Planer und Nutzer enttäuschend sein, wenn sie den Faktor Zeit nicht berücksichtigen. Daher ist es erstrebenswert, bei der Ausführung der Freianlagen entsprechend den Raumproportionen angemessen große Pflanzenexemplare auszuwählen, um frühzeitig Raum und Struktur zu schaffen. Dabei gilt: Mit dem Habitus und der Form von Pflanzen wird der Freiraum strukturiert, während mit Farbe und Textur der verschiedenen Arten die jahreszeitlichen Aspekte betont werden.

Während die Raumstruktur vieler Gehölze stabil ist, haben die wechselnden Farbaspekte im Frühjahr und Herbst oft Signalwirkung. > Abb. 66 Für jede Pflanzenart ist die Abfolge jahreszeitlicher Veränderungen in anderer Weise typisch. Immergrünen und Laubgehölzen kommt in den verschiedenen Jahreszeiten unterschiedliches Gewicht zu. Im Sommer bilden die Laubgehölze das Gerüst der Pflanzung, im Winter treten die Immergrünen

Wechsel der Jahreszeiten

Abb.66:
Auffallende Blühfreude durch üppig in
die Wiese eingestreute Tulpen

und Nadelgehölze optisch hervor und können bei entsprechender Planung
dann das Gerüst der Pflanzung bilden. Sie verändern ihr Aussehen am we-
nigsten und schaffen Stabilität. Der Rhododendron blüht farbenprächtig
im Mai, wirkt im Sommer eher unscheinbar und wird mit seinem immergrünen Laub im Winter wieder sichtbar. Sommergrüne Gehölze werden
nach dem Laubfall linienhaft und grafisch. › Kap. Material Pflanze, Erscheinungsbild Pflanze Staudenpflanzungen verändern ihr Aussehen besonders deutlich.
Im Winter sind die oberirdischen Organe vieler Stauden abgestorben, im
Frühjahr erscheinen sie an gleicher Stelle wieder und nehmen dann deutlich an Höhe und Volumen zu. Eine Auswahl der Pflanzen unter Beachtung
jahreszeitlicher Aspekte ist in Gartenanlagen zu empfehlen, die man das
ganze Jahr vor Augen hat, z. B. im Hausgarten.

Bei der Entwicklung eines Pflanzschemas ist es wichtig, bei der
Zusammenstellung eine kontinuierliche Abfolge von Farben – vom Vorfrühling bis zum Spätherbst – zu berücksichtigen. Es bietet sich an, die
Pflanzengruppen, nach ihren unterschiedlichen Blütezeiten getrennt, in
unterschiedlichen Teilen der Anlage oder Landschaft anzuordnen, da die
Blütenvielfalt an gleichen Plätzen zur gleichen Zeit den Gesamteindruck
eher schwächt und die Anlage unentschieden wirkt. In der natürlichen
Landschaft sind die farbreichen Perioden gewöhnlich eher kurze Abschnitte, gefolgt von ruhig verlaufenden Perioden. Die Idee von „Farbausbrüchen" kann in der Wirkung durch die Auswahl von Pflanzen verstärkt
werden, deren Farben mit den Jahreszeiten in Verbindung gebracht werden. Zu diesem Zweck wählt man Pflanzen mit gelben und blauen Blüten

im Frühjahr, mit tiefblauen, weißen und rosa Blüten im Frühsommer sowie mit scharlachroten, dunkelroten, violetten und tiefgelben im Spätsommer. Für den Herbst sind braune und violette Blätter und Blüten, für den Winter tiefgrüne und braune Blätter und rote Beeren geeignet.

Ein wichtiges Kriterium bei der Planung von Pflanzungen mit jahreszeitlicher Wirkung ist, dass viele Pflanzen mit wirkungsvollen Blütenfarben nicht zur Strukturierung einer Gartenanlage beitragen. Der Flieder ist z.B. eine Pflanze mit schönen Blüten, jedoch unauffällig in seinem Blatt- und Astwerk. Ein optisch starker Rahmen kann die Wirkung von Pflanzen mit unauffälligem Blatt- und Astwerk aufwiegen. Bezogen auf das Beispiel Flieder heißt dies, eine niedrige, dichte oder geschnittene Hecke vor ihn zu setzen oder den Flieder als Hintergrundkulisse für andere Pflanzen zu verwenden, die ihren jahreszeitlichen Beitrag zu anderen Zeiten leisten, wenn der Flieder nicht blüht. Die Teerosen-Hybriden sind ein weiteres Beispiel für Pflanzen mit edlen Blüten, aber wenig dekorativem Ast- und Zweigwerk, insbesondere wenn dieses geschnitten wurde. Rosengärten werden daher häufig formal gestaltet, um einerseits die Besonderheit der Blüten herauszuarbeiten und andererseits durch die Rahmung mit zumeist immergrünen, niedrigen, geschnittenen Heckeneinfassungen die kahlen Stiele und das Blattwerk der Rosen optisch zurücktreten zu lassen. › Abb. 67 Zur Blütezeit heben sich die verschiedenen Farbtöne der Rosenblüten durch die Heckeneinfassungen besser voneinander ab. Auch mit zwischengepflanzten Stauden können Rosenbeete ergänzt werden, diese dürfen jedoch optisch nicht in Konkurrenz zur Rosenblüte treten, sie sollen als Rosenbegleiter erscheinen.

Viele kleinwüchsige Bäume mit auffallenden Blüten wie Zierkirschen haben nur eine kurze Blütezeit. Sie sollten bei der Planung entweder für kleinmaßstäbliche Gartenanlagen in Betracht gezogen werden, etwa

\\Tipp:
Es ist empfehlenswert, das Erscheinungsbild der Pflanzen so oft wie möglich zu unterschiedlichen Jahreszeiten zu studieren. In Baumschulen, Staudengärtnereien, Botanischen Gärten sowie Lehr- und Schaugärten sind viele Pflanzen namentlich ausgeschildert. Das bewusste Betrachten „gewöhnlicher" und „untypischer" Arten sowie die Analyse des jeweiligen Erscheinungsbildes und der sinnlichen Qualitäten lässt allmählich eine eigene Wertschätzung entstehen, die Voraussetzung für eigenständige Ansätze und Ideen ist.

\\Wichtig:
Bei der Planung ist zu beachten, dass Pflanzen, die aufgrund ihrer saisonalen Wirkung ausgewählt werden, auch zu anderen Jahreszeiten einen Beitrag zur Gestaltung der Freianlagen leisten.

in begrenzten oder geschlossenen Gartenräumen wie einem Atriumhof, oder sie können, gemischt mit anderen Bäumen und Sträuchern von unterschiedlicher Höhe, an verschiedenen Standorten zu unterschiedlichen Zeiten mit jeweils kurzen Farbausbrüchen in Erscheinung treten. Eine weitere effektvolle Möglichkeit, jahreszeitliche Aspekte aufzuzeigen, ist, eine Vielzahl von Blütenbäumen als Hochstämme in Reihen, als Allee oder im Raster zu pflanzen. › Abb. 68

**Wechsel-
pflanzungen**

Mit Wechselpflanzungen werden vor allem starke Farbwirkungen erzielt. Die einjährig kultivierten, nicht winterharten Sommerblumen müssen jährlich neu herangezogen oder beschafft werden. Vorbereitung, Bepflanzung und Pflege (laufende Wasser- und Nährstoffversorgung) bedeuten hohen Aufwand und hohe Kosten, was jedoch an sorgfältig ausgewählten, repräsentativen und stark frequentierten Plätzen wie Vorflächen von repräsentativen Gebäuden, öffentlichen Plätzen, Fußgängerzonen, historischen Garten- und Parkanlagen, Stadtparks und Sondergärten gerechtfertigt ist. › Abb. 69 In einfachen Dörfern, in Bauerngärten oder als Schmuckpflanzen in Kübeln oder Kästen spielen Einjährige meist die Hauptrolle. Gut gestaltete und gepflegte Wechselpflanzungen können wesentlich zum positiven Image einer Stadt beitragen.

Wechselbeetpflanzen des Frühjahrs-, Sommer- und Herbstflors ergeben eine saisonale Vielfalt. Auch in der Landschaft gibt es Plätze, wo ihre Verwendung angemessen sein kann, wenn die Gestaltung feinfühliger ist und mit der lokalen oder regionalen Landschaft harmoniert. Erreicht wird dies durch die Auswahl von Pflanzen, deren Farben und Anordnung auf den Pflanzmosaiken der natürlichen bodenbedeckenden Vegetation basieren (z.B. Wald oder Heide). Der Spätsommer ist eine eher ruhige Periode in der Erscheinung der Landschaft und Parks und kann durch das Aussäen von Einjährigen, die zu dieser Zeit blühen, interessanter werden.

Abb. 69:
Wechselflor auf einer Landesgartenschau

Herbst

Die Herbstfarben, hervorgebracht durch die Blätter der Bäume und Sträucher, sind eine willkommene Veränderung, bevor der Winter einsetzt. Um die größte optische Wirkung zu erzielen, können Pflanzen mit saisonaler Wirkung mit Immergrünen und Koniferen oder mit spätabwerfenden Laubarten verbunden werden. Dann werden die warmen Herbstfarben vor den kälteren Grüntönen hervorgehoben. Die warmen, kräftigen Farben des gelben, orangefarbenen, roten und purpurfarbenen Laubes, das an Bäumen und Gehölzen und auf Rasen und Wegen liegt, zeitigen eine fast impressionistische Wirkung in Garten und Park. Unter Einzelbäumen und Solitärgehölzen können sich kurzzeitig wunderbare große Farbflächen bilden, wenn diese frei stehen. Pflanzenarten mit auffallenden Beeren sind im Spätherbst und frühen Winter weniger wirksam, es sei denn, sie stehen vor einem Hintergrund mit immergrünen Pflanzen. Spätlaubabwerfende und immergrüne Arten, die wegen ihrer Beeren gepflanzt werden, sollten in größerer Anzahl beschafft werden, um die notwendige optische Wirkung zu erreichen. In kleineren Flächen wie einem Garten kann diesen Zweck auch eine einzelne Pflanze erfüllen.

Winter

Im Winter werden vor allem die Texturen der Pflanzen durch Reifbesatz und Schnee hervorgehoben, insbesondere die filigranen Pflanzenformen wie Gräser, Farne und Fruchtstände von Stauden. › Abb. 70 Diese sollten zum Ende des Winters zurückgeschnitten werden. Die Wintersaison bietet insgesamt eine kleinere Auswahl von optisch interessanten Pflanzen als die anderen drei Jahreszeiten. Die Farbe der Äste ist bei einigen Arten eine wertvolle Zugabe zu den Effekten, welche durch immergrüne Vegetation und farbige Beeren geschaffen werden, wobei die Letzteren nicht den ganzen Winter hindurch erhalten bleiben. Die auffallend roten Zweige der Hartriegel-Sorte

Abb.70:
Reifbesatz betont die pflanzlichen
Konturen

Abb.71:
Skurrile winterliche Erscheinung
geschnittener Platanen

Cornus alba „Sibirica" können beispielsweise die Winterlandschaft hervorheben, in Verbindung mit der weißstämmigen Birke und immergrünen Gehölzen wird diese Wirkung noch verstärkt. Die roten Zweige können außerordentlich effektvoll sein, wenn die Fensterrahmen eines Gebäudes den gleichen Farbton haben. Auch die gelben Zweige des gelbrindigen Hartriegels (Cornus stolonifera „Flaviramea") wirken ähnlich. Das Ast- und Zweigsystem von einigen Bäumen und in geringerem Maße von einigen Sträuchern erzielt im Winter eine visuell interessante Wirkung. › Abb. 71 Die Pflanzenauswahl sollte so getroffen werden, dass die entsprechenden Arten von verschiedenen Standpunkten aus den Himmel als Hintergrund haben oder vor einem einfachen Hintergrund stehen, z. B. einer Hauswand oder Mauer, sodass eine gute grafische Wirkung erzielt wird. › Kap. Material Pflanze, Erscheinungsbild Pflanze Ein weiterer optischer Effekt ergibt sich aus den sich gerade berührenden Zweigen gewachsener Bäume vor dem Himmel, die in einem Baumraster gepflanzt wurden. Die Berücksichtigung der winterlichen Jahreszeit in der Planung ist ein Aspekt, welcher oft vernachlässigt wird.

Größenentwicklung und Lebenszyklus

Das Aussehen von Pflanzen ist lebenszeitlichen Veränderungen unterworfen. Die Geschwindigkeit ihres Wachstums und somit die Veränderung ihrer Gestalt wird durch die Zugehörigkeit zu einer der im Folgenden aufgezählten Lebensform bestimmt:

_ Bäume
_ Sträucher
_ Stauden
_ Zwiebelpflanzen
_ Ein- und Zweijährige (Sommerblumen)

Abb.72:
Die Ergänzung des Weges mit Jungbäumen
macht die Wachstumsentwicklung und
Lebenszeit von Bäumen deutlich

Bäume Bäume haben eine lange Lebensdauer und eine relativ geringe Wuchsgeschwindigkeit. › Abb. 72 Sie sorgen von Jahreszeit zu Jahreszeit und über die Jahrzehnte hinweg für Kontinuität. In Gärten und Landschaften sind sie das prägnanteste und „bleibende" Element. Neben der zeitlichen bieten sie auch räumliche Kontinuität und Präsenz. Bäume verbinden die Stadt mit dem umliegenden Land, unterschiedliche Stadtviertel und Bauwerke. Vor allem in städtischen Freiräumen muss das langsame Wachstum ausreichend im Pflanzentwurf berücksichtigt werden. Eine zu starke Verschattung von Stauden, Sträuchern oder Rasen unter den Baumkronen lässt die Wurzeln der Pflanzen um Wasser und Nährstoffe konkurrieren und die verschatteten Pflanzen kränkeln oder absterben.

Sträucher Auch Sträucher nehmen über Jahre hinweg langsam an Größe zu, werden jedoch nicht so alt und groß wie Bäume. Sie dienen der Flächenunterteilung und Abgrenzung. › Kap. Raumstrukturen, Grenzen Sträucher verbinden Bäume optisch mit den Pflanzen auf Bodenhöhe; ein Park, der nur aus Bäumen, Stauden und Rasen bestünde, würde sehr offen wirken und keine Raumtiefe erhalten. Sträucher stellen die Überleitung vom Park oder Garten in die offene Landschaft her.

Stauden Stauden sind mehrjährige Pflanzen, deren oberirdische Teile im Gegensatz zu Bäumen und Sträuchern nach dem Herbst absterben. Im Frühjahr bauen sich die Stauden aus im Boden angelegten frostharten Überdauerungsorganen neu auf. Die Wuchshöhen von Stauden reichen von teppichartig niedrig bis zu Größen von über zwei Metern. Der jahreszeitliche Gestaltwandel bringt viel Dynamik in den Garten oder Freiraum.

Zwiebelpflanzen

Den größten Teil des Jahres verbringen Geophyten, Pflanzen mit unterirdischen Speicherorganen wie Zwiebeln, Knollen und Wurzelstöcken, unsichtbar im Boden. Viele erscheinen im zeitigen Frühjahr, wenn das Laub der Bäume und Sträucher noch nicht ausgetrieben ist und die Sonne noch bis auf den Boden scheint. Sie stammen aus den natürlichen Lebensräumen Wald bzw. Waldrand. Ihr Laub ist kurzlebig und zieht nach der Blüte wieder ein. Das Einziehen der Blätter ist für die Blühkraft und die Gesundheit der Zwiebelpflanzen unerlässlich. Um das Laub zu kaschieren, fügen sie sich daher besser in flächige Pflanzungen als in Rasenflächen ein, sollten jedoch langlebig sein und mit anderen Pflanzen weder optisch noch ökologisch konkurrieren. Spät blühende Zwiebelpflanzen (z. B. Tulpen) stammen aus trockenen Lebensräumen, wo es nur spärliche Vegetation und daher wenig Konkurrenz gibt. Aus diesem Grund können sie nicht gut mit Stauden und Sträuchern kombiniert werden. Geophyten, die gut in Rasenflächen stehen, sind z. B. Krokusse und Narzissen. Ihre Blätter dürfen frühestens nach dem Vergilben geschnitten werden.

Ein- und Zweijährige

Einjährige leben eine Vegetationsperiode lang. Sie werden meist für Wechselpflanzungen verwendet. Zeigen sie kein Konkurrenzverhalten, können sie mit Stauden gut kombiniert werden.

Zweijährige überdauern zwei Vegetationsperioden. Sie blühen meist im zweiten Jahr und produzieren viele Samen, bevor sie absterben.

GESTALTUNGSGRUNDSÄTZE

Um einen guten Pflanzplan zu erstellen, müssen die unterschiedlichen Erscheinungsbilder der Pflanzen wie Größe, Form, Farbe und Textur in einen inneren Zusammenhang gebracht werden; es bedarf einer verbindenden Idee, eines Leitthemas. Leitgedanken bilden den Inhalt des Entwurfs, welcher durch Raum, Pflanzen und Materialien in eine Form gebracht wird. Durch die Kenntnis von allgemein gültigen Gestaltungsgrundsätzen, wie z. B. Kontrast und Ausgleich, Wiederholung, Rhythmus und Ordnung usw., erhalten wir das Handwerkszeug, um unsere Ideen erkennbar und deutlich zu machen, unabhängig von Abbildungen beispielhafter Pflanzkombinationen vieler Gartenbücher.

Kontraste

Kontraste gehören zu den wichtigsten Grundsätzen in der Gestaltung mit Pflanzen. Sie werden benötigt, um die Spannung und Attraktivität zu erzeugen, die das Interesse des Betrachters wecken. Durch Kontraste können Unterschiede viel bewusster wahrgenommen werden. Ein Kontrast entsteht, wenn mindestens zwei gegensätzliche Wirkungen zusammentreffen. Ein einfaches Beispiel ist ein gemähter Weg durch eine Blumenwiese. In natürlichen Landschaften sind viele solcher Beispiele anzutreffen: Der Buchenwald im Vorfrühling hat eine deutlich sichtbare Bodendecke aus

Buschwindröschen (Anemone nemorosa), welche mit den großen, kahlen Baumstämmen kontrastieren.

Die bewusste Zuordnung von Pflanzen mit gegensätzlichen Formen, Größen und Farben sind wichtige Mittel, um Einzelpflanzen in ihrer Wirkung hervorzuheben. Starke Kontraste, wie z. B. Farbkontraste, werden vom Betrachter bei geringerer Anzahl von Pflanzen in einer kurzen Zeitspanne wahrgenommen, schwache Kontraste, wie z. B. Texturkontraste, erfordern eine größere Anzahl von Pflanzen und werden in einer längeren Zeitspanne wahrgenommen. Kontraste in Pflanzungen können den Betrachter überraschen, indem diese etwa so angeordnet werden, dass er jedes Mal, wenn er um eine Ecke geht, vor eine andere Wirkung gestellt wird.

Kontraste benötigen Ausgewogenheit. Ein ruhiger Hintergrund, wie eine Gebäudewand oder kalte und neutrale Pflanzenfarben (Grün, Grau), oder ein vermittelnder Übergang durch farb- und höhengestufte Zwischenpflanzungen heben die Kontrastpartner hervor. Kleine Pflanzen und Pflanzen mit zurückhaltenden Farben sollten in größerer Anzahl gepflanzt werden als größere Pflanzen und solche mit leuchtstarken Farben. Zu viele starke Kontraste wirken ermüdend, zu viel Ähnliches und Uneindeutiges wirkt unbefriedigend und langweilig. Im Folgenden sind Beispiele für Kontrastpaare aufgezählt, die bei der Gestaltung mit Pflanzen geeignet sind:

_ Wuchsformenkontraste
_ Texturkontraste
_ Farbkontraste
_ Hell-dunkel-Kontrast
_ Figur-Grund-Kontrast
_ Fülle und Leere
_ Licht-Schatten-Kontrast
_ Negativ-positiv-Kontrast (konkav/konvex)
_ „Yin und Yang"

\\Tipp:
In natürlichen Landschaften gibt es zahlreiche Beispiele von Beziehungen der Pflanzen untereinander, die als Vorbild für neue Ideen herangezogen werden können, etwa Birkenwäldchen mit Farnen. Die kontinuierliche Beobachtung und Analyse der optischen Qualitäten von natürlichen Landschaften auf Spaziergängen, Wanderungen und Exkursionen helfen, Sensibilität in der Pflanzengestaltung zu entwickeln.

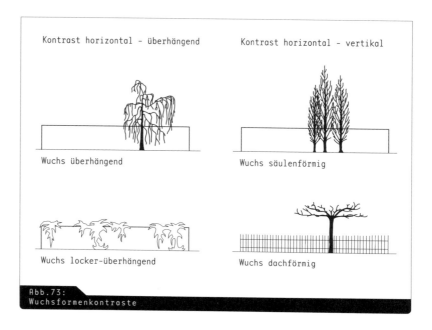

Kontrast horizontal - überhängend

Kontrast horizontal - vertikal

Wuchs überhängend

Wuchs säulenförmig

Wuchs locker-überhängend

Wuchs dachförmig

Abb. 73:
Wuchsformenkontraste

Wuchsformen-
kontraste

Wuchsformenkontraste verstärken die statische und dynamische Wirkung von Pflanzungen. Durch die Hinzuziehung ihres Gegenpols kann die Wuchsform der Pflanze in ihrer jeweiligen Eigenart stärker zum Ausdruck gebracht werden, als dies in Einzelstellung möglich ist. › Abb. 73 Gegensatzpaare werden nur wahrgenommen, wenn sie sich in ihrer Größe entsprechen. › Kap. Raumstrukturen, Proportion Geeignete Wuchsformkontraste sind zum Beispiel:

_ vertikal und rund, richtungslos
_ horizontal und locker-überhängend und -überneigend
_ locker und fest, rund
_ locker und streng
_ linear und richtungslos, rund
_ linear und flächig
_ grafisch und malerisch

Da die Kugelform richtungslos ist und eine statische Wirkung besitzt, kann mit richtungsbewegten, fließenden Formen ein Gegensatz zu ihr geschaffen werden. Diese Aufgabe können ein geschwungenes Pflanzenband oder Kugelpflanzen erfüllen, die einen Schlängelweg flankieren. In der natürlichen Landschaft taucht dieses Motiv in Form von Findlingen und Flusskieseln in schlängelnden Bachläufen auf. Lineare Blattformen

Abb.74:
Wuchsformkontrast

Abb.75:
Texturkontrast

(z.B. Gräser, Iris) bilden einen Gegensatz zu breiten, runden und flächigen Blättern (z.B. Funkie, Seerose). Horizontal ausgerichtete Pflanzen, die waagerechte Äste und eine breite Schirmkrone (Trompetenbaum, Catalpa) aufweisen oder in Form einer geschnittenen Hecke in Erscheinung treten, bieten einen ruhenden Gegensatz zu bewegten Geländeformen und -flächen oder vertikalen Formen (Säulengehölze, Gebäude). Auch die flächendeckende Pflanzung einer niedrigen Strauchart stellt einen einfachen, aber wirkungsvollen Wuchsformkontrast zu senkrechten Baumstämmen dar. › Abb. 74 Alle senkrechten Formen scheinen näher zu sein als die meist ferne Horizontlinie. Daher fallen Säulenformen in der Landschaft auch aus größerer Entfernung auf. In bewegtem Gelände wirken Vertikalformen als Kontrastpartner starr; ein Ausgleich durch richtungsbewegte Pflanzen (z.B. überneigend oder überhängend) bringt Dynamik in die Pflanzung. Gestaltwirksame Nachbarschaften bilden z.B. Bäume mit kompakter, geschlossener Kontur und Bäume mit grafischer, linienhafter Wirkung. › Kap. **Material Pflanze, Erscheinungsbild Pflanze**

Texturkontraste   Texturkontraste verleihen einem Pflanzschema gestalterische Kraft. Besonders deutlich wird dies in einer farblich ruhig gehaltenen Pflanzung. In einer Anlage mit verschiedenen Grünabstufungen wird die Aufmerksamkeit des Betrachters auf das Spiel des kontrastierenden Blattwerks und die Formgebung der Pflanzen gerichtet. › Abb. 75 Weiße Blüten oder weißrandige und -panaschierte Blätter können die Wirkung von Texturkontrasten erhöhen, da sie nicht durch ihre Farbgebung ablenken. Texturkontrastwirkungen bei Pflanzungen sind:

_ locker und dicht
_ fein und grob
_ glänzend und matt
_ weich und fest

_ filzig und glatt
_ rau und glatt
_ zart und derb
_ durchscheinend und lederartig
_ linear und flächig
_ linear und richtungslos

Grob texturierte Pflanzen vermitteln den Eindruck von Kraft und Stabilität, während fein texturierte Pflanzen Zurückhaltung und Ruhe ausstrahlen. Aus der gleichen Entfernung erscheinen dem Betrachter großblättrige Pflanzen näher als Pflanzen der gleichen Größe mit feiner Textur.
› Kap. Material Pflanze, Erscheinungsbild Pflanze

Farbkontraste Farbkontraste machen Pflanzungen lebendig und steigern die Farbwirkung. Die wichtigsten Farbkontrastwirkungen sind:

_ Hell-dunkel-Kontrast
_ Kalt-warm-Kontrast
_ Komplementärkontrast (Gegenfarben im Farbkreis)
_ Qualitätskontrast (Farbkontrast leuchtend und stumpf mit Texturkontrast glänzend und stumpf)
_ Quantitätskontrast (verschieden große Farbflächen)

Die stärksten Farbkontraste werden durch die Verwendung von Zwei- und Dreiklängen geschaffen, d.h. mit Farben, die sich im Farbkreis gegenüberstehen (komplementäre Farben). › Kap. Material Pflanze, Erscheinungsbild Pflanze Die Blütenfarben müssen sowohl miteinander als auch mit den sie umgebenden Blättern (Basisfarbe) harmonieren. Die Blätter variieren in der Austriebs-, Sommer- und Herbstfarbe, aber auch bei den Pflanzenarten (gelbgrün, grün, blaugrün, rotbraun usw.).

\\Wichtig:
Auch bei der Farbgestaltung gilt die Regel „Weniger ist mehr", denn erst durch Reduzierung wird die Entwurfsidee klarer und in ihrer Aussage gestärkt. Die Wahl einer Pflanzenart, jedoch die Verwendung vieler ihrer Sorten ist eine Möglichkeit einfacher, kraftvoller Gestaltung. Beispielsweise hat die Schwertiris formvollendete, schöne Blüten mit einer großen Farbskala und einfache, schwertförmige Blätter.

Alternativ zur Basisfarbe Grün können die meisten Spektralfarben gut mit Silbergrau kombiniert werden. Farben wie Rot, Gelb und Blau gewinnen in dieser Kombination an Leuchtkraft, Rosa- und Pastelltöne kommen voll zur Geltung. Erdfarben bilden mit Silbergrau ruhige, wirkungsvolle Kombinationen. Graublättrige Pflanzen werden allgemein in kleinmaßstäblichen Pflanzungen verwendet, z. B. zusammen mit kleinen Weidenarten oder Lavendel. Die Farbe Weiß kann problemlos kombiniert werden und verstärkt die Wirkung aller Farben, ebenso können verschiedene Farbzusammenstellungen durch Weiß räumlich benachbart werden. Weiße Blüten haben einen belebenden, auffrischenden, feinen Charakter. Wirkungsvoller als in einem Beet mit vielen Blütenfarben sind Pflanzen mit weißen Blüten jedoch, wenn sie unter sich bleiben („Weißer Garten"). Vor dunkle Nadelgehölze gepflanzt oder auch in schattigen Lagen stellen weiß blühende Gehölze einen guten Hell-dunkel-Kontrast dar, ebenso wie die weißen Baumstämme von Birken vor einem dunklen, flächigen Hintergrund. › Abb. 76

Art, Menge und Verteilung der verwendeten Farbtöne müssen ausgewogen sein. Leuchtschwache Pflanzen bekommen gegenüber leuchtstarken Pflanzen nur dann optisches Gewicht, wenn sie in größerer Menge als diese verwendet werden. Nach Goethe wird die Leuchtkraft von Farben in „Lichtwerten" ausgedrückt:

Gelb	= 9
Orange	= 8
Rot	= 6
Grün	= 6
Blau	= 4
Violett	= 3

Diese Lichtwerte können eine Bemessungsgrundlage für Farbmengenanteile sein: Gelb und Violett (9/3) = 1:3 oder Blau und Rot (4/6) = 3:2. Je größer die zu gestaltenden Pflanzungen sind, desto mehr Einfluss hat die Sichtentfernung auf die Planungsgröße der Farbflächen.

Farbkontraste können innerhalb eines Beetes umgesetzt werden, aber auch in gegenüberliegenden Beeten, die jeweils in einem Farbton gehalten sind, zur Geltung kommen.

Licht-Schatten-Kontrast

Das Spiel von Licht und Schatten an Bäumen und das Schattenspiel auf dem Boden ist von größtem Reiz. Licht schafft, je nach Intensität, starke Abstufungen von hell und dunkel. Je nach Farbton von Blättern, Rinde und Boden, je nach Ausprägung des Laubkleides und Ast- und Zweigstruktur entsteht ein anderer Schattencharakter: vom Licht durchflutet, leicht, dunkel, schwer, scharf, weich, farbig, kontrastreich, diffus. Unter Bäumen verändert sich der Schatten auf dem Boden fortlaufend. Die Form der Schatten geben uns Auskunft über die Tageszeit. Mittags ist das Sonnenlicht grell

Abb.76:
Hell-dunkel-Kontrast

Abb.77:
Licht- und Schattenspiel in einem landschaftlichen Park

und hart, die Schatten sind kurz, am späten Nachmittag wird das Licht weich und gelblich, die Schatten werden immer länger, die räumliche Wirkung im Freiraum verstärkt sich. Schaut der Betrachter ins Licht oder in die Sonne, blinzelt er, im Schatten kann er die Landschaft ruhig betrachten. Je nach Jahreszeit suchen wir die Sonne oder den Schatten auf. Im Winter lieben wir die Wärme spendenden Sonnenstrahlen, im Sommer den kühleren, schützenden Schatten unter Bäumen. Es ist wichtig, die Wirkung und Bedeutung von Schatten im Freiraum zu kennen und in der Freiraumgestaltung entsprechende Angebote zu machen.

Bäume wirken durch das Spiel von Licht und Schatten körperhaft und malerisch. Durch sein Einwirken schafft das Licht aus dem Umriss den Schatten. Lockere Baumgruppen, die von einer Seite von der Sonne beschienen werden, auf der anderen im Schatten liegen oder den Schatten auf den Boden werfen, sind ein reizvoller Augenblick. Ein geschlossener Wald- oder Gehölzrand wirkt dagegen langweilig. Erst durch Einschnitte oder Vorpflanzungen bilden sich Sonnen-, Licht- und Schattenflächen, die den Rand gliedern, auflockern und dem Betrachter Bilder anbieten. › Abb. 77

Rhythmus

Um einem Garten, einem Park oder einer Pflanzung Zusammenhalt und Struktur zu geben, ist es notwendig, gleiche oder ähnliche Pflanzen oder Pflanzgruppen zu wiederholen. Eine einfache Wiederholung stellt noch keinen Rhythmus her, sondern nur eine Verbindung von Bereichen einer Pflanzung. Erst durch regelmäßig wiederkehrende charakteristische Vegetationselemente entsteht Rhythmus und somit eine Einheit der gesamten Anlage; nahe und entfernt liegende Teile werden optisch miteinander verknüpft. In einem Garten oder Park kann eine atmosphärische Einheit der Gesamtanlage hergestellt werden, wenn seine einzelnen Bereiche durch rhythmische Elemente mit jeweils unterschiedlichen Charakteren miteinander verbunden werden. Wird eine typische Pflanzenart in einer

Freianlage in größerer Anzahl verwendet, kann sie diesen Raum unverwechselbar prägen und zum Thema werden, man denke an die Kastanienallee oder den Rosengarten.

Leitpflanzen In einer Menge von gleichwertigen oder gleichzeitig verschiedenen Pflanzen kann sich unser Auge nicht orientieren, und unser Blick geht über sie hinweg. Es entsteht ein unentschiedener, unharmonischer und spannungsloser Eindruck, der den Betrachter nicht anspricht. Das menschliche Auge nimmt bevorzugt mehrere gleiche oder ähnliche Elemente wahr, da diese leichter ablesbar sind und Struktur schaffen. Das Setzen von wiederkehrenden Leitpflanzen oder -gruppen schafft optische Stabilität und macht eine Pflanzung nachvollziehbar. Der Blick kann immer wieder zu diesen Punkten oder Flächen wandern und zurückkehren.

Leitpflanzen bilden den Ausgangspunkt der Pflanzplanung, das Gerüst. Ihre Anordnung hält die Pflanzung zusammen. Die Pflanzen werden nach ihrer Rangordnung positioniert, gruppiert und wiederholt. Gehölzpflanzungen werden am stärksten durch Bäume bestimmt. Bäume bilden das dauerhafte Gerüst und stellen die Verbindung zum übrigen Siedlungsbereich oder in die Landschaft her. Sie stehen z.B. am Haus, an besonderen architektonischen Gartenteilen, an Grundstücksecken, in Randpflanzungen. Die Größe der Bäume muss der Architektur und dem verfügbaren Raum entsprechen. › Kap. Raumstrukturen, Proportion Kleinbäume, Großsträucher und Solitärgehölze gehören neben den Bäumen ebenfalls zu den strukturierenden Gehölzen. Sie dienen zur Betonung der Größenverhältnisse, verbinden die Architektur mit dem übrigen Gartenraum und bilden den Übergang zu Sträuchern. Sie stehen etwa am Eingang eines Gartengrundstücks, an Hausecken, Nebengebäuden und in Randpflanzungen. Sträucher und Hecken werden den Gerüstpflanzen untergeordnet, dienen als Raumabschluss und Abgrenzung verschiedener Gartenteile. Sie können gemeinsam mit den Leitgehölzen dem Gartenraum Charakter verleihen. Die nachfolgenden Kleinsträucher und Zwerggehölze runden das Bild einer Gehölzpflanzung ab. › Tab. 6

\\ Tipp:
In einem kleinen Merkbuch, welches immer dabei sein sollte, können Pflanzkombinationen notiert und skizziert werden, die einem gut gefallen. Durch das bewusste Betrachten, Notieren und Aufzeichnen prägen sich die Pflanzenbilder stärker ein, und es entsteht ein persönlicher Fundus, aus dem man in eigenen Planungen schöpfen kann.

\\ Tipp:
Das Buch *Die Stauden und ihre Lebensbereiche* von Richard Hansen und Friedrich Stahl ist ein Standard- und Nachschlagewerk zur Verwendung von Stauden (siehe Anhang, Literatur) und hilft, eine Pflanzwahl nach Lebensbereichen und Standortansprüchen zu treffen sowie Pflanzenbedarf pro Quadratmeter, Pflanzabstände und Geselligkeit zu ermitteln.

I a	Bäume	führende Gehölze, dauerhafte Gerüstpflanzen, benötigen ausreichend Wuchsraum, einzeln oder in Gruppen
I b	Kleinbäume, Großsträucher, Solitärgehölze	Gerüstpflanzen, größer als die benachbarten Pflanzen, langlebig, einzeln oder in kleinen Gruppen, übernehmen in kleinen Gartenräumen die erste Stelle der Rangfolge, Wahl der Sträucher richtet sich nach ihnen
II	Sträucher, Hecken	begleitende Gehölze, wesentlich geringere Endgröße als führende Gehölze, geeignete Sträucher können Gerüst oder Blühpartner für Staudenpflanzung sein, einzeln oder in kleinen Trupps
III	Kleinsträucher, Zwerggehölze, Halbsträucher	ergänzende Gehölze, geringere Endgröße als Sträucher und Hecken, als Bodendecker unter höherwachsenden Gehölzen, können Gerüst für Staudenpflanzungen sein

Tab. 7:
Gliederung Staudenpflanzung

I	Solitärstauden	wirkungsvoll, nur wenige Pflanzen erforderlich
II	Leitstauden	Gerüststauden, größer als die benachbarten Stauden, langlebig, in größerer Anzahl
III	zugeordnete Stauden	unterstützen die Leitstauden in ihrer Wirkung, geringere Endgröße als die Gerüststauden, langlebig
IV	Füllpflanzen	geringere Endgröße als die Gerüst- und Begleitstauden, ihre Wuchskraft sollte nicht die Gerüst- und Begleitstauden ausschalten

Naturhafte Staudenflächen werden durch Solitär- und Leitstauden strukturiert. Leitstauden werden auch als Kernstauden und Gerüststauden bezeichnet, da sie über die ganze Vegetationszeit eines Jahres ansprechend wirken und langlebig sind. Es werden hohe Arten verwendet, deren Form oder Farbe prägnant und wirkungsvoll ist. Zugeordnete Stauden begleiten rhythmisch die Leitstauden in höherer Anzahl und sollten daher ein bescheideneres Erscheinungsbild haben. Füllstauden werden flächig oder als Bodendecker verwendet. Die Übergänge zwischen den verschiedenen Typen sind fließend. Ein und dieselbe Pflanzenart kann in unterschiedlichen Gartenthemen unterschiedliche Stellungen einnehmen: So kann Iris in einem Thema Leitstaude, in einem anderen Thema Begleitstaude sein. › Tab. 7

Höhenstaffelung

Eine Möglichkeit der Zusammenstellung von Stauden ist der dreistufige Aufbau aus hohen, mittelhohen und niederen Arten. Die rhythmische Wiederholung der Stauden darf nicht schematisch werden, da die Pflanzung sonst an Spannung und Lebendigkeit verliert. Die Abstände der Leitstauden und ihre Stückzahlen sollten variieren, die einzelnen Höhenstufen in ihrer Ausdehnung gegenseitig wechseln.

Abb.78:
Höhenstaffelung und Rhythmisierung von Stauden

Abb.79:
Höhenstaffelung in einer Gehölzpflanzung mit natürlichem Charakter

Abb.80:
Höhenstaffelung in einem formalen Rosengarten mit dreistufigem Aufbau

Abb.81:
Baumalleen gliedern Räume architektonisch.

Niedrige Stauden können in einem Beet vorne mehr, dann weniger nach hinten ausgreifen, mittlere und hohe Stauden können abwechselnd nach vorne, hervor- und zurücktreten. › Abb. 78 Das gleichmäßige Verteilen von niederen Stauden in den vorderen Beetteil, mittelhohen Stauden in die Mitte und hohen Stauden in die rückwärtige Fläche (oder in die Mitte bei einem von allen Seiten einsehbaren Beet) wirkt langweilig und unlebendig. Eine weitere Möglichkeit der Zusammenstellung ist der zweistufige Aufbau. Dabei werden höhere Stauden einzeln oder in kleinen Gruppen in flächendeckend niedere Arten gestellt. Gehölzpflanzungen und Kombinationen

Abb.82:
Taxuskuben im Raster angeordnet

Abb.83:
Erhöhung der Topografie durch einen
Einzelbaum

aus Gehölzen und Stauden werden ebenso nach einer festzulegenden Rangordnung mehrstufig aufgebaut. › Abb. 79 und 80

Wiederholung
und Steigerung Die einfachste Art der Wiederholung ist es, gleiche Elemente in regelmäßigem Abstand anzuordnen. So werden deutliche Zusammenhänge mit
einem hohen Grad an Einheitlichkeit geschaffen, Bäume etwa als Reihe,
Allee oder Baumblock. › Abb. 81 Die Wirkung dieser Elemente ist streng formal. Die entstehenden regelmäßigen Anordnungen können beliebig erweitert werden.

Durch Wiederholung wird eine ausgesuchte Pflanze hervorgehoben
und in ihrer Bedeutung gestärkt. Die Wiederholung kann sich auf die gleichen Abstände zwischen Pflanzen beziehen (z. B. Raster), auf ihre gleiche
Farbigkeit oder Textur. › Abb. 82 Die Steigerung eines Pflanzthemas kann
durch das Abstufen von Blütenfarben, Größen und Texturen eine noch
ausdrucksvollere Gesamtwirkung erzielen. Dabei werden verschiedene
Sorten einer Pflanze oder wechselnde Begleitpflanzen verwendet. Wichtig:
Die Auswahl der Arten, insbesondere der Leitstauden, sollte stark einge-
schränkt werden, denn eine gute Gestaltung mit Pflanzen wird vor allem
durch Klarheit und Einfachheit geschaffen.

Eine weitere Form der Steigerung besteht darin, im Ansatz vorhandene bauliche oder topografische Gegebenheiten mit Pflanzen nachzu-
zeichnen, beispielsweise gibt ein regelmäßiger Baumblock die orthogonale
Form eines Gebäudes wieder, eine Baumgruppe lässt einen Hügel deutlicher hervortreten, eine Baumallee begleitet die Straße. › Abb. 83

Symmetrie und
Asymmetrie Die Spiegelung einer Einzelpflanze, von Formpflanzen oder Flächenfiguren an einer Achse erzeugt eine symmetrische Wirkung. Die Funktion

81

der Symmetrieachse können Wege übernehmen. Einige Möglichkeiten der Bepflanzung sind Laubengänge, Spaliere, Pergolen, Bäume mit sich wiederholender Form und Habitus (z. B. Alleen, Formgehölze). Paarweise gegenübergestellte Bäume weisen auf Raumgrenzen, Funktionswechsel im Wegeverlauf oder damit verbundene Baulichkeiten wie eine Eingangstür, Brücke oder Treppe hin. Eine spiegelbildliche Anordnung kann als Ganzes (z. B. als Ornament) mehrfach wiederholt werden. › Abb. 84 Pflanzenparterres und Sichtachsen der Barockgärten sind typische Beispiele für Planungen mit Symmetrieachsen. Die ornamentalen Flächenfiguren solcher Anlagen werden mit Formhecken eingefasst, um den Eindruck der Spiegelbildlichkeit zu festigen. Mit Formhecken können auch symmetrisch angelegte Bereiche umgrenzt werden, hinter denen Bäume und Sträucher natürlich wachsen. Da Landschaften und Parks vom Betrachter beim Durchschreiten wahrgenommen werden, können vorübergehend natürliche symmetrische Wirkungen durch immer weiter in die Landschaft zurückweichende Pflanzblöcke so geschaffen werden, dass von Zeit zu Zeit ein Block gegenüber einem anderen scheinbar in der gleichen Größe erscheint. Die Schaffung von wahren symmetrischen Wirkungen schränkt den Gestalter ein. In formalen und repräsentativen Gärten, in Verbindung mit Gebautem oder bei Schmuckbeeten wie ornamentalen Wechselbeetpflanzungen kann diese Gestaltungsart angewendet werden. › Kap. Material Pflanze, Zeitliche Dynamik

Ausgewogenheit Ausgewogenheit ist ein Gestaltungsziel, das häufiger verfolgt wird. Sie beschreibt den Zustand des Gleichgewichtes und der Harmonie zwischen unterschiedlichen Gestaltkomponenten. Eine ausgewogene Gestaltung empfinden wir als ruhig und nicht so starr wie ein symmetrisches Gefüge. Ausgewogenheit und Symmetrie können zusammen in der Landschaft, in einem Park oder Garten durch ein im Mittelpunkt stehendes bauliches Element erreicht werden. Das exakte Positionieren der Pflanzen auf jeder Seite schafft Symmetrie, während kleine Variationen in der Bepflanzung die Ausgewogenheit herstellen. › Abb. 85 Je stärker das Gebäude optisch hervortritt, desto weniger besteht die Notwendigkeit, in der Pflanzung auf Symmetrie zurückzugreifen. Eine Möglichkeit ist es, Pflanzen mit auffälligen Formen, Texturen oder Farben in bestimmten Abständen auf jeder Seite einer Symmetrieachse beizugeben, während die Pflanzung dazwischen weniger streng gestaltet ist.

Bildhafte Gestaltung In der bildhaften Gestaltung wird mit ungleichen visuellen Gegebenheiten gearbeitet, deren Abstände zueinander ebenfalls ungleich sind. Es können sowohl freie als auch geometrische Formen und Gestaltelemente verwendet und kombiniert werden. Meist ist die Anordnung der Pflanzen wichtiger als die Pflanzen selbst. Pflanzabstände und Pflanzenformen müssen ausgewogen ausgewählt und positioniert werden. Der optische Schwerpunkt befindet sich außerhalb der Flächenmitte.

Abb.84:
Symmetrie

Abb.85:
Asymmetrie

Abb.86:
Bildhafte Gestaltung

SCHLUSSBETRACHTUNG

Die Faszination bei der Gestaltung von Gärten liegt in der Ambivalenz zwischen Statischem und Lebendigem, der fließenden Identität von Pflanze und Raum. Alles Lebendige wird durch Zeit und Raum bestimmt. Landschaftsgestaltung mit der Pflanze ist eine künstlerische Ausdrucksform, die vielleicht mehr als andere auf intensive Beschäftigung mit Zeit und Raum angewiesen ist. Einen Garten zu bepflanzen ist der Anfang eines fortlaufenden Prozesses. Die Gestaltung und Entstehung von Gärten ist untrennbar mit dem Gartenbau verbunden, denn nur aktive Gärtnerarbeit kann gewährleisten, dass sich die Vorstellung des Gestalters entwickeln kann. Zur Pflanzenverwendung müssen wir viel gärtnerisches Wissen aufwenden. Es gibt nicht nur die architektonischen Pflanzungen oder die Wildhecke, sondern vielmehr eine Fülle von Verwendungsmöglichkeiten wie zum Beispiel englische Staudenpflanzungen oder aktuelle Beispiele aus Skandinavien, auf die wir zurückgreifen können. Hier wie beim Umgang mit dem Material gilt: Vor lauter Verliebtheit in die Reduktion darf nicht in Vergessenheit geraten, dass Reduktion zunächst aus dem Vollen schöpft und daraus eine bewusste Auswahl getroffen wird. Wenn am Anfang nur aus einem kleinen Sortiment gewählt werden kann, ist das Ausdruck von Armut und nicht Reduktion. Die Gestaltung mit der Pflanze wird in unseren Gärten weiter an Bedeutung zunehmen. Als Ort der Arbeit, der Muße und Erholung, als Zeichen eines mehr oder weniger großen Überflusses entsteht hier eine Gegenwelt zu einer immer weiter technisierten und fremdbestimmten Gesellschaft. Nicht die Pflegeleichtigkeit, sondern die Pflegebedürftigkeit der Pflanze rückt wieder in den Vordergrund. Damit einhergehend wird unser Bewusstsein für die schönen Dinge wieder geschärft, und unsere Sinne werden geweckt. Die Gestaltung mit der Pflanze ist ein großer Luxus unserer Tage, denn sie erfordert das, was in unserer Gesellschaft am seltensten und kostbarsten geworden ist: Zeit, Zuwendung und Raum. Der Einsatz von Pflanzen steht stellvertretend für unsere Wahrnehmung von Natur; indem wir Geist, Wissen und Handwerk wieder einbeziehen, entsteht ein sorgsamer Umgang mit der Umwelt und ihrem Mikrokosmos, dem Garten.

PFLANZPLAN

Pflanzpläne zeigen schematisch die vorgesehenen Pflanzenarten, ihre Standorte und ihre Anzahl. Durch die maßstäbliche Darstellung wird es möglich, den tatsächlichen Pflanzenbedarf für eine Gesamtanlage vorausschauend zu ermitteln und Pflanzenkombinationen auszuwählen, die nicht nur dem Aspekt der Bepflanzung, sondern auch den Proportionen der zu gestaltenden Freiräume gerecht werden. › Abb. 87, Seite 86, und Abb. 7, Seite 19 Der Bepflanzungsplan ist ein Arbeitsmittel, das dem Planenden den Prozess der Gestaltwerdung seiner Bepflanzungsidee Schritt für Schritt verdeutlicht, zunächst auf dem Zeichenpapier oder dem Bildschirm des Computers. Dabei sollte die Darstellung von Bäumen im Lageplan immer mit Stamm und Krone erfolgen, sodass erkennbar wird, dass diese Einfluss auf die Gestaltung von Räumen und Flächen haben. Die Baumkrone bildet den Körper, der Baumstamm markiert den Standpunkt. Der Wurzelraum kommt in der Regel dem Kronenumfang gleich und muss in dem Bereich von Bauwerken (Gebäude, unterirdische Leitungen, Straßen) freigehalten werden. › Abb. 88 Der Pflanzplan vermittelt dem auf der Baustelle ausführenden Bauleiter oder Mitarbeiter die zur Realisierung der Gestaltungsidee erforderlichen Informationen. Die Pflanzenarten und -standorte werden gestalterisch und mengenmäßig erfasst, Pflanz- und Rasenflächen, erforderliche Verankerungen, Bodenverbesserungsmittel usw. werden rechnerisch ermittelt, landschaftsgärtnerische Arbeiten kalkuliert, Arbeitsabläufe vorbereitet.

\\ Tipp:
Thematische Listen und Tabellen im Anhang von Baumschul-, Stauden- und Spezialkatalogen bieten Angaben zu Habitus, Wuchsformen, Farben und den erforderlichen Stückzahlen pro m² (siehe Tab. 8).

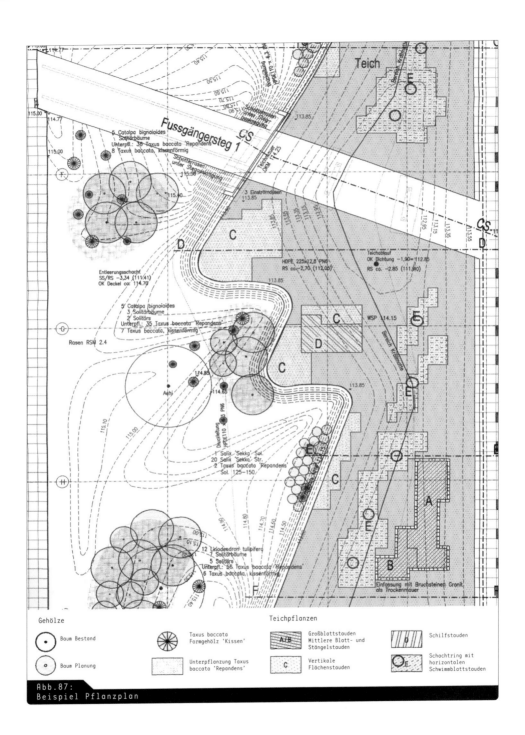

Abb.87:
Beispiel Pflanzplan

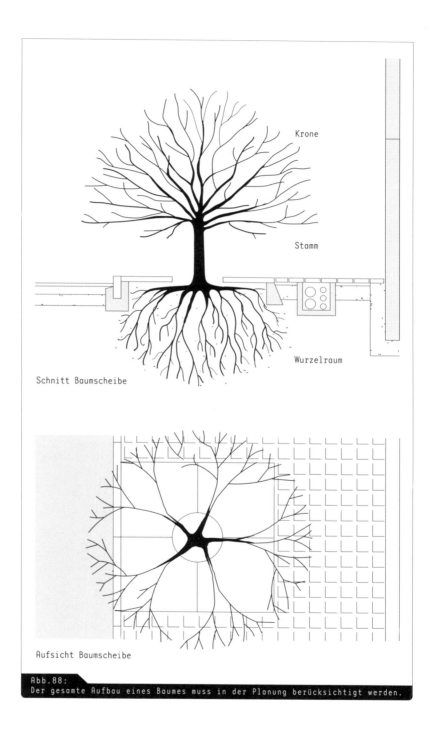

Krone

Stamm

Wurzelraum

Schnitt Baumscheibe

Aufsicht Baumscheibe

Abb.88:
Der gesamte Aufbau eines Baumes muss in der Planung berücksichtigt werden.

botanischer Pflanzenname	deutscher Pflanzenname	Höhe in m	Breite in m	Habitus/Form	Besonderheiten
Kleine Bäume für Gärten und städische Räume					
Acer campestre ‚Elsrijk'	Kegel-Feld-ahorn	8–12	4–6	kompakt kegelförmig	schöne Herbstfärbung (gelb), stadtklimaverträglich
Acer platanoides ‚Globosum'	Kugelahorn	4–6	3–5	kompakt kugelförmig, im Alter unproportioniert	Herbstfärbung gelb, stadtklimaverträglich
Amelanchier lamarckii	Kupfer-Felsenbirne	5–8	3–5	strauchartig, breitwüchsig, trichterförmig	Ende April weiße Blütentrauben, schöne Herbstfärbung (gelb bis flammend rot)
Carpinus betulus ‚Fastigiata'	Säulen-Hainbuche	10–12	5–8	säulenförmig, straff aufrecht	auch ohne Schnitt schmalkronig, bleibt auch im Alter geschlossen
Catalpa bignonioides ‚Nana'	Kugel-Trompetenbaum	4–6	3–5	dichte Kugelform	schöne große Blätter, langsamwüchsig, keine Blüte
Pyrus calleryana ‚Chanticleer'	Chinesische Wildbirne	7–12	4–5	regelmäßig kegelförmig	stadtklimaverträglich, extrem hitzeverträglich, weiße Blüten, schöne Herbstfärbung (purpurrot)
Sorbus aria	Mehlbeere	6–12	4–8	mehrstämmiger Großstrauch oder breit kegelförmiger Kleinbaum	orangeroter Fruchtschmuck ab September
Tilia europaea ‚Pallida'	Kaiserlinde	Formschnitt		Kasten-, Dach- oder Spalierform	Schnittgehölz, Krone bildet volumenschöne Körper
Mittel- bis großkronige Bäume für die Stadt und den Park					
Acer platanoides	Spitzahorn	20–30	10–15	rundkroniger Großbaum	stadtklimaverträglich, schnellwüchsig
Acer pseudoplatanus	Bergahorn	20–30	12–15	ausladende breitrunde Krone	schnellwüchsig, Herbstfärbung goldgelb
Aesculus x carnea ‚Briotii'	Scharlach-Rosskastanie	8–15	6–10	rundliche kompakte Krone, Haupttriebe straff aufrecht	langsamwüchsig, Blüte leuchtendrote Rispen, kaum fruchtbildend
Aesculus hippocastanum	Rosskastanie	20–25	12–15	oval hochgewölbte, stark schattenspendende dichte Krone	weiße Blüten, stark fruchtend, schöne Herbstfärbung
Ailanthus altissima	Götterbaum	18–25	8–15	oval breiter rundkroniger Großbaum	schnellwüchsig, anspruchslos stadtklimaverträglich

Betula pendula	Sandbirke, Weißbirke	12-25	6-8	schmal eiförmig, locker überhängende Zweige	Kätzchen grüngelb, Rinde weißbraun, Herbstfärbung gelb
Catalpa bignonioides	Trompetenbaum	8-12	5-8	schirmförmig gewölbte Krone	große herzförmige Blätter, eindrucksvolle 15-30 cm lange Blütenrispen
Corylus colurna	Baumhasel	12-15	6-8	kegelförmige Krone, durchgehender Leittrieb	stadtklimaverträglich, robuster anspruchsloser Baum
Fagus sylvatica	Rotbuche	25-35	15-20	weitausladende ovalförmige Krone	silbergrauer Stamm, Herbstfärbung gelb bis orange
Fraxinus excelsior	Esche	25-35	15-20	Krone eiförmig, im Alter ausladend, licht ungleichmäßig	gefiedertes schönes Blatt, selten Herbstfärbung
Platanus acerifolia	Platane	25-35	15-25	breit kegelförmig, im Alter ausladend, rundkroniger Großbaum	sehr wüchsig, schnittverträglich, stadtklimaverträglich
Populus nigra ‚Italica'	Säulenpappel	25-30	2-5	säulenförmiger Großbaum, Äste und Zweige straff aufrecht	starkwüchsig, verträgt Überflutung
Prunus avium	Vogel-Kirsche	15-20	8-12	eiförmige mittelgroße Krone	wunderschöner weißer Blütenbaum, prächtige Herbstfärbung (gelb bis orangerot)
Quercus robur	Stiel-Eiche	30-40	15-25	zunächst kegelförmig, im Alter unregelmäßig, aufgelockert runde Krone	stadtklimaverträglich, windresistent
Salix alba ‚Tristis'	Trauerweide	15-20	12-15	ausdrucksvoller mittelgroßer Zierbaum, schleppenartig überhängende Äste	malerischer Habitus, im Alter windbruchgefährdet
Tilia cordata	Winterlinde	20-30	10-15	prachtvoller Großbaum, Krone anfangs kegelförmig, später hochgewölbt	mäßig stadtklimaverträglich, schnittverträglich
Pinus sylvestris	Föhre, Wald-Kiefer	15-30	8-10	malerischer Großbaum von veränderlicher Gestalt, im Alter hohe Krone, schirmförmig	zweinadelig, grün bis blaugrün, stadtklimaverträglich
Thuja occidentalis ‚Columna'	Abendländ. Lebensbaum	15-20	2-3	säulenförmig, mittelhoher Baum	immergrün, stadtklimaverträglich, schnittverträglich

LITERATUR

Wolfgang Borchardt: *Gärten anlegen: mit Pflanzen gestalten*, S. 113, Neumann Verlag, Radebeul 1993

Wolfgang Borchardt: *Pflanzenverwendung im Garten- und Landschaftsbau*, S. 43–50, 58–85, 91, 299, Verlag Eugen Ulmer, Stuttgart 1997

DIN-Taschenbuch 81 – Landschaftsbauarbeiten VOB/StLB/STLK, 10. Auflage, Beuth Verlag GmbH, Berlin, Wien, Zürich 1998

Lorenz von Ehren: *Sortimentskatalog*, 2. Auflage, Hamburg 2004

Forschungsgesellschaft Landschaftsentwicklung Landschaftsbau e.V. (FLL): *Grundsätze für die funktionsgerechte Planung, Anlage und Pflege von Gehölzpflanzungen*, S. 14, 43–47, Bonn 1990

Brian Hackett: *Planting Design*, S. 33–48, 51–56, McGraw-Hill, New York 1979

Richard Hansen, Hermann Müssel: *Ein Kennziffernsystem zur naturgemäßen Staudenverwendung*, Jahresbericht FH Weihenstephan, S. 46–52, Freising 1972

Richard Hansen, Friedrich Stahl: *Bäume und Sträucher im Garten*, S. 14–15, 27–30, 2. durchgesehene Auflage, Verlag Eugen Ulmer, Stuttgart 1980

Richard Hansen, Friedrich Stahl: *Die Stauden und ihre Lebensbereiche in Gärten und Grünanlagen*, S. 60–61, 87, 4. durchgesehene Auflage, Verlag Eugen Ulmer, Stuttgart 1990

Kayser & Seibert, Odenwälder Pflanzenkulturen: *Kennziffernschlüssel für Stauden nach Hansen und Müssel*, S. 6, Katalogbeilage, Sortimentskatalog, 6. Auflage, Rossdorf 1994

Herbert Keller, Elisabeth Gerke-Puck: *Grundlagen der Garten- und Freiraumplanung*, S. 10–11, 22–26, 30, 36, 58–60, Verlag Paul Parey, Berlin und Hamburg 1993

Peter Kiermeier: *Die Verwendung der Gehölze nach Lebensbereichen. Die standortgerechte Auswahl nach dem Kennziffernsystem*, S. 156–159, Deutsche Baumschule 46, 1994

Peter Kiermeier: *Pflanzliche Strukturen*, Gartenpraxis 23, Heft 7, S. 37, Verlag Eugen Ulmer, Stuttgart 1997

Peter Kiermeier: *Pflanzliche Texturen*, Gartenpraxis 23, Heft 8, S. 46, Verlag Eugen Ulmer, Stuttgart 1997

Boris Kleint: *Bildlehre – Der sehende Mensch*, S. 51–62, 116, 145–147, 153–155, Schwabe Verlag, Basel 1980

Hans Loidl: *Freiräume(n)*, S. 64, 76, 85–87, 164, 166, 168, 174–176, 181, Birkhäuser Verlag, Basel 2003

Günter Mader: *Freiraumplanung*, S. 35–38, 46–47, 52–58, Deutsche Verlags-Anstalt, München 2004

Günter Mader, Laila Neubert-Mader: *Bäume, Gestaltungsmittel in Garten, Landschaft und Städtebau*, S. 44, Komet Verlag, Köln 1996

Piet Oudolf, Noel Kingsbury: *PflanzenDesign*, S. 12–13, 83, 116–117, 120, 126, 133–140, Eugen Ulmer Verlag, Stuttgart 2006

Hans Schiller-Bütow: *Der Baum in der Stadt*, S. 15–16, 26, 40, 43–46, 54–55, 60, 70, 73, 77, Patzer Verlag, Hannover, Berlin 1975

BILDNACHWEIS

Abbildung 1, 2, 12, 28, 32, 35, 40, 49, 51 (alle), 52, 53, 56, 59, 61 (Sven-Ingvar Andersson Landschaftsarchitekt, Union Bank Kopenhagen), 67, 68, 71, 72, 76, 77, 79, 81, 82, 85, 86: Eva Zerjatke

Abbildung Seite 8, Abbildung 3,4, 6 (Büro Kiefer, Schöneberger Südgelände, Berlin), 7 (DS Landschaftsarchitekten, Tilla-Durieux-Park, Berlin), 8 (Stötzer Neher Berlin, Gläserne Manufaktur der VW AG, Dresden), 10, 14 (Kienast Vogt, Moabiter Werder, Berlin), 16, 29, 30, 33, 38, 39, 54, 55, 69, 75, 87 (Stötzer Neher Berlin, Gläserne Manufaktur der VW AG, Dresden): Hans-Jörg Wöhrle

Abbildung 5, 9, 11, 13, 15, 17 (in Anlehnung an H. Keller), 18, 19–21 (in Anlehnung an H. Schiller-Bütow), 22 (Sommerlad, Haase, Kuhli, Schuppen im Volkspark Bornstedter Feld, Potsdam), 23, 24, 25, 26, 27 (in Anlehnung an Günter Mader), 31, 34, 36 (in Anlehnung an Günter Mader), 36–37 (in Anlehnung an Hans Schiller-Bütow), 41, 42, 43 (in Anlehnung an Hans Schiller-Bütow), 44 (in Anlehnung an Herbert Keller), 45, 46, 47, 48, 50, 57, 58, 60, 62, 63, 64 (in Anlehnung an Brian Hackett), 65, 66, 70, 73, 74, 78, 80, 83, 84, 88: Regine Ellen Wöhrle

DIE AUTOREN

Regine Ellen Wöhrle und Hans-Jörg Wöhrle, Dipl.-Ing., praktizierende Landschaftsarchitekten und Büroinhaber des Landschaftsarchitekturbüros w+p Landschaften in Berlin, Stuttgart und Schiltach i.K.

Reihenherausgeber: Bert Bielefeld
Bandherausgeberin: Cornelia Bott
Konzeption: Bert Bielefeld, Annette Gref
Layout und Covergestaltung: Muriel Comby

Bibliografische Information der Deutschen
Nationalbibliothek.
Die Deutsche Nationalbibliothek verzeichnet diese
Publikation in der Deutschen Nationalbibliografie;
detaillierte bibliografische Daten sind im Internet
über http://dnb.ddb.de abrufbar.

Dieses Buch ist auch in englischer Sprache
(ISBN 978-3-7643-8659-7) und französischer
Sprache (ISBN 978-3-7643-8658-0) erschienen.

© 2008 Birkhäuser Verlag AG
Basel · Boston · Berlin
Postfach 133, CH-4010 Basel, Schweiz
Ein Unternehmen der Fachverlagsgruppe
Springer Science+Business Media

Gedruckt auf säurefreiem Papier, hergestellt aus
chlorfrei gebleichtem Zellstoff. TCF ∞
Printed in Germany

ISBN 978-3-7643-8657-3
9 8 7 6 5 4 3 2 1   www.birkhauser.ch

Ebenfalls in dieser Reihe bei Birkhäuser erschienen:

Entwurf

Basics Entwerfen und Wohnen
Jan Krebs
ISBN 978-3-7643-7646-8

Basics Entwurfsidee
Bert Bielefeld, Sebastian El khouli
ISBN 978-3-7643-8088-5

Basics Materialität
M. Hegger, H. Drexler, M. Zeumer
ISBN 978-3-7643-7684-0

Basics Methoden der Formfindung
Kari Jormakka
ISBN 978-3-7643-8462-3

Darstellung

Basics CAD
Jan Krebs
ISBN 978-3-7643-8086-1

Basics Modellbau
Alexander Schilling
ISBN 978-3-7643-7648-2

Basics Technisches Zeichnen
Bert Bielefeld, Isabella Skiba
ISBN 978-3-7643-7642-0

Konstruktion

Basics Dachkonstruktion
Tanja Brotrück
ISBN 978-3-7643-7682-6

Basics Fassadenöffnungen
Roland Krippner, Florian Musso
ISBN 978-3-7643-8465-4

Basics Holzbau
Ludwig Steiger
ISBN 978-3-7643-8084-7

Basics Mauerwerksbau
Nils Kummer
ISBN 978-3-7643-7643-7

Basics Tragsysteme
Alfred Meistermann
ISBN 978-3-7643-8091-5

Haustechnik / Bauphysik

Basics Raumkonditionierung
Oliver Klein, Jörg Schlenger
ISBN 978-3-7643-8663-4

Berufspraxis

Basics Ausschreibung
T. Brandt, S. Th. Franssen
ISBN 978-3-7643-8087-8

Basics Bauleitung
Lars-Phillip Rusch
ISBN 978-3-7643-8085-4

Basics Projektplanung
Hartmut Klein
ISBN 978-3-7643-8468-5

Städtebau

Basics Stadtbausteine
Th. Bürklin, M. Peterek
978-3-7643-8459-3

Landschaftsarchitektur

Basics Entwurfselement Wasser
Axel Lohrer
ISBN 978-3-7643-8660-3

BIRKHÄUSER

Erhältlich im Buchhandel oder
unter www.birkhauser.ch